뽑고 싶어 안달 나게 하는

면접답변법

뽑고 싶어
안달 나게 하는
면접답변법

1판 1쇄 펴낸날 2013년 10월 17일

지은이 김세준 심영섭 정승일
펴낸이 나성원
펴낸곳 나비의활주로
주소 서울시 강북구 노해로 17, 401
전화 070-7643-7272
팩스 02-6499-0595
전자우편 udeng7076@naver.com
출판등록 2010년 9월 16일(제2010-000138호)

ISBN 978-89-97234-16-5 13320

＊ 잘못된 책은 바꿔 드립니다.
＊ 책값은 뒤표지에 있습니다.

前) 대기업 ★ 인사팀장과 함께 쓴

뽑고 싶어
안달 나게 하는
면접답변법

그 어떤 면접 방법에도 당황하지 않고,
면접관을 설득할 수 있는 확실한 한마디!

| 김세준, 심영섭, 정승일 지음 |

나비의 활주로

2013년 7월 31일 〈서울경제신문〉 특별인터뷰에서 현오석 경제부총리는 다음과 같이 말했다. "경제에 대한 지나친 낙관도 금물이지만 근거 없는 비관론은 도움이 안 된다." 그는 그간의 내수부진의 원인에 대해 "경기가 나아져 지금 돈을 좀 써도 되겠다는 심리가 있어야 내수시장이 돌아가는데 지금은 국민들에게 아직 그런 확신이 없어 소비가 억눌려 있다"고 분석했다. 그리고 "하반기에 경제성장률이 3%대를 회복했다는 것을 국민들이 피부로 느끼게끔 정부도 노력하겠다"고 강조했다. 이는 정부가 경기지표상의 숫자만 관리하는 데 그치지 않고 체감경기를 부양하는 데 온 힘을 쏟겠다는 뜻으로 풀이된다.

그렇다면 취업시장은 어떨까? 취업을 준비하는 사람들은 취업시장이 경제상황과 비례한다고 생각하고, 또 그렇게 되기를 희망한다. 그러나 현실은 구직자들의 생각이나 바람과는 정반대로 가는 듯하다. 그렇다고 불안해하거나 갈 길을 찾지 못해 갈팡질팡하고 있을 수만은 없다. 취업시장 상황이 어려운 것이 어디 하루 이틀이었을까? 우리는 꿋꿋하게 취업을 준비하면 된다. 제대로 된 경쟁력만 갖추면 취업시장의 상황이 좋든, 나쁘든, 최악이든 성공적으로 취업할 수 있다.

여기서 말하는 제대로 된 경쟁력이란 무엇일까? 그것은 바로 기업이 원하는 인재상을 갖추는 일이다. 물론 말이 쉽지 기업이 바라는 인재상을 갖춘다는 것은 정말 어려운 일이다. 이를 한마디로 표현한다면 '기업이 수익을 내는 데 이바지할 수 있는 역량을 갖춘 사람'을 말한다.

　필자는 기업이 뽑고 싶어 하는 인재상, 즉 기업이 수익을 내는 데 이바지할 만한 각자의 역량을 제대로 표현하는 방법을 알려주는《뽑고 싶어 안달 나게 하는 자기소개서 작성법》이라는 책을 발간한 바 있다. 많은 분들이 이 책에 대해 관심과 격려를 보내주는 동시에 면접에서 좋은 답변을 할 수 있는 지침서도 원했다. 이러한 요청에 부응하여 채용전형의 핵심인 '면접'에 대한 책을 2011년도에 냈다. 그리고 취업을 준비하시는 분들로부터 예상외의 좋은 반응을 얻으면서 원래의 내용을 최근 트렌드에 맞춰 한층 더 보완한 개정판을 낼 필요성을 느끼게 되었다.

　이 책은 2013년도 개정판으로 '말'을 통해 '기업이 요구하는 그 사람'이 바로 자신임을 잘 표현할 수 있는 답변 방법을 제시한다. 이 책에 나오는 답변들은 국내 주요 기업의 합격자들과 현재 취업을 준비하는 학생들을 대상으로 모의 면접을 진행한 후 답변 내용 중에서 취업준비생들이 참고할 만한 가치가 있는 내용을 추려서 정리한 것이다. 대기업에서 약 18년간 HR 업무만 담당하였고, 인사팀장으로만 10년을 재직한 공저자인 전직 인사담당자와 함께 면접답변법의 노하우를 담은 본 개정판을 세 가지 사항을 보완하여 다시 세상에 내놓게 되었다.

첫째, 면접의 처음과 끝에 나오는 '1분 자기소개'의 답변사례를 10개 더 추가하고 '마지막 할 말 및 질문' 노하우를 제시하여 면접관으로부터 관심을 끌고 최종합격을 확정지을 수 있는 비법을 공개했다.

둘째, 실제 기업의 처지에서 보는 면접답변의 Tip을 강화했다.

Tip 1 면접관의 처지에서 생각하자!

Tip 2 뽑고 싶어 안달 나게 하는 면접자는?

Tip 3 면접 전 필수 준비사항

셋째, 부록으로 말의 속도 및 발음연습 강화훈련 자료를 첨부하여 전달력 및 신뢰감을 높일 수 있도록 했다.

한 가지 꼭 말하고 싶은 것은 이 책에 있는 답변들이 언제나 정답은 아니라는 것 이다. 상황에 따라, 개인에 따라, 기업에 따라, 또는 면접관의 성향에 따라 다르게 평가될 수도 있다. 언제나 최고의 답변은 취업을 준비하는 여러분의 가슴속과 머릿속에서 나온다는 것을 명심하기 바란다. 그리고 이 책에 나오는 내용을 참조하되, 스스로 최고가 될 수 있는 답변을 할 수 있도록 고민하고 노력하기 바란다.

아무쪼록 이 책을 통해 취업을 준비하는 모든 분들이 희망하는 기업의 구성원이 되고, 그 속에서 열정을 다 바쳐서 행복한 인생을 만들어나갈 수 있기를 기원한다.

김세준, 심영섭, 정승일

제2장. 면접답변 사례

부록

Chapter 1

면접형
인간 되기

뽑고 싶어 안달 나게 하는 면접답변을 위한 몸만들기

뽑고 싶어 안달 나게 하는
면접답변을 위한 몸만들기

2002년 월드컵에서 4강 신화를 이룬 국가대표 축구선수들은 국민적인 영웅이 되었다. 특히 8강을 결정짓는 이탈리아전에서 골든골을 터뜨린 안정환 선수의 인기는 상상을 초월했다.

월드컵이 끝나고 안정환 선수는 병역을 마무리하기 위해 훈련소에 입소했다. 한 달의 기간이긴 했지만 국가와 국민들은 안정환 선수가 훈련에만 집중할 수 없도록 만들었다. 그가 입소한 기간에 국가대표 축구평가전이 있었는데, 그 게임에 안정환 선수가 반드시 출전해야 한다는 여론이 들끓기 시작했다. 최고의 스타가 이 경기에 나와야 고무된 축구 열풍을 더욱더 크게 만들 수 있다는 논리였다. 그러나 국방부의 처지에서 보면 훈련소에 입소해 있는 선수가 훈련 중에 밖으로 나온다는 것 자체가 말도 안 되었을 뿐만 아니라 축구협회도 난색을 보였다. 전문가들도 안정환 선수의 출전은 말도 안 된다고 했다.

전문가들이 안정환 선수의 출전에 반대하는 이유는 바로 '몸이 만들어지지 않았기 때문'이라고 했다. 이 말을 들은 많은 국민들은 고개를 갸우뚱했다. 국가대표에다가 최고의 스타플레이어라면 국민들이 원하는 경기에 단 1분이라도 뛰는 것이 당연하지, 몸이 만들어지든 안 만들어지든 뭐가 중요하냐는 반응이었다. 대부분 안정환 같은 천재적인 선수라면 준비운동만 조금 해도 정상 컨디션으로 돌아갈 것으로 생각했다.

프로야구의 경우에는 시즌이 끝나면 선수들이 충분한 휴식을 취한 후 전지훈련에 돌입한다. 이 시기에는 신문기사나 스포츠뉴스 인터뷰를 통해서 스타플레이어들을 만나볼 수 있다. 이때 반드시 나오는 질문이 있다.

- **기자:** 현재 몸은 어떤가요?
- **타자:** 아직 몸의 컨디션이 50%도 안 되어서 정상적인 스윙이 이루어지지 않고 있습니다.
- **투수:** 몸을 만들고 있는데 아직 50%에도 도달하지 않고 있어서 본격적인 피칭은 하지 않고 있습니다.
- **감독과 코치:** 전지훈련 막바지에 돌입했습니다. 관건은 선수들의 몸 상태를 현재의 8, 90% 선에서 100%로 끌어올리는 것입니다.

그렇다. 모든 프로선수들은 정상적인 컨디션이 될 때까지 수개월 동안 몸을 만든다. 그래야 시즌이 돌아왔을 때 제 기량을 마음껏 발휘할 수 있고, 체력 안배를 통해 장기 레이스에서도 버틸 수 있다. 몸이 만들어지지 않으면 아무리 대통령이 명령하고 국민들이 협박해도, 안정환 선수가 아니라 안정환 선수 할아버지라도 경기장에 나서지 않는다. 이건 이승엽도, 추신수도, 류현진 선수도 마찬가지다.

'면접을 준비하는 책에서 뜬금없이 웬 스포츠 이야기?', '스포츠 선수들이 몸을 만드는 것쯤은 누구나 아는 상식이지만 면접을 준비할 때도 몸을 만들어?' 하고 고개를 갸우뚱하는 사람도 있을 것이다.

그렇다. 면접을 준비하기 위해서는 '면접형 인간'이 되도록 사전에 몸을 만들어야 한다. 물론 여기서 몸을 만든다는 의미는 그 고유의 의미에 충실한 것이 아닌 사전 준비를 한다는 뜻이다. 어쨌든 면접은 다른 전형 절차와는 질적으로 매우 다르므로 무조건 사전에 철저한 준비를 해야 한다.

'면접, 그까짓 거 뭐. 예상 문제에 대한 답안만 준비하고 술술 말할 수 있을 정도만 하면 되지. 면접처럼 쉬운 게 어디 있어? 그거 준비할 시간에 영어 단어 하나 더 외우고, 상식 문제 하나 더 익히지.'

혹시 여러분도 이런 생각을 하고 있는가? 지금 이 책을 보는 분들은 대부분 면접을 위한 몸 상태가 거의 제로에 가까울 것이다. 경우에 따라서는 90%에 가까운 사람도 있을 것이다. 그러나 95%라도 부족하다. 면접을 위한 몸 상태가 100%가 되기 전에는 절대로 면접장에 들어가서는 안 된다. 지금 상태로 면접에 들어가면 무조건 백전백패다.

이제 면접을 위한 몸만들기에 들어가고자 한다. 준비되었는가? 준비되었으면 다음 장을 넘겨보도록 하자.

1. 참으로 소중한 면접전형

"사람 뽑기 참 쉽죠~."

과거 인기를 누리던 모 개그우먼의 표현을 빌려보자. 요즘 기업들은 사람 뽑기가 참 쉬워졌다. 구직자들은 넘쳐나지, 채용공고를 내기만 하면 지원서가 산더미처럼 몰려들지, 지원자들의 면면을 보면 누구 하나 버릴 사람 없지, 하나같이 뽑아만 주면 청춘을 다 바쳐 충성을 다하겠다고 하지…….

실로 기업들은 아주 손쉽게 우수한 인재들을 뽑을 수 있는 환경을 가진 듯하다. 광고비를 크게 들일 필요도 없다. 채용사이트에 등록하고 기다리기만 하면 된다. 지원자들의 스펙을 들여다보고, 넘쳐나는 명문대생들을 불러서 면접만 몇 번 보면 된다.

한 사람을 면접하는 데 오랜 시간을 들일 필요도 없다. 면접관들이 워낙 면접에 도가 트다 보니 약 10분 정도만 봐도 된다. 100명의 신입사원을 뽑는 데 기업들이 투자하는 시간과 비용은 채용 계획 수립부터 면접 종료까지 최대한 길게 잡아봤자 한 달이면 되고, 비용도 몇 100만 원이면 될 듯싶다.

여기까지의 내용은 필자가 지난달 모 대학에 취업특강을 갔을 때 만난 어떤 학생의 생각이다. 과연 이 학생의 생각은 맞는 것일까?

결론부터 이야기하자면 '절대' 아니다. 채용 계획부터 공고까지 최소 3개월이 소요되고, 산더미 같은 지원자들의 지원서와 자기소개서를 꼼꼼히 읽는 데 최소 1주일에서 1개월 이상이 걸린다. 요즘은 과거와 달리 서류전형의 기능이 약화된 상태에서 대부분의 지원자들을 대상으로 면접을 시행한다. 온갖 종류의 면접 형태들을 활용하여 진행하는 데 걸리는 시간은 최소 1개월이다. 즉, 신입사원을 뽑으려고 기업에서는 거의 반년을 소비하는 셈이다. 또한 이 과정에서 우리나라의 상장사가 신입사원 한 명을 채용하는 데 드는 평균비용이 최소 100만 원 안팎이다. 2천만 원을 쓰는 기업도 있다. 더불어 채용 과정보다 몇 배에 달하는 비용이 새로 입사한 사원을 교육하는 데 들어간다.

아무리 생각해도 이해가 가지 않는다. 상식적으로 생각해봐도 절대강자인 기업이 수많은 사람 중에서 원하는 인재만을 골라 아주 쉽게 뽑을 수 있을 텐데, 이토록 많은 시간과 비용을 들이는 이유는 무엇일까? 국내 대기업 계열사인 A사의 채용담당자가 이에 대한 명쾌한 답을 들려주었다.

"지원자들의 면면을 보면 너무나도 훌륭합니다. 학력, 어학 실력, 각종 자격증, 다양한 경험 등 무엇 하나 빠질 게 없지요. 누구 하나 탈락시키기 아깝습니다. 그렇다고 해서 다 뽑고 싶다는 뜻은 아닙니다. 막상 자기소개서를 보고, 면접을 진행해보면 뽑고 싶은 사람들은 눈에 띄지 않습니다. 그게 요즘 기업들의 딜레마이지요."

사람은 좋은데 막상 뽑으려면 망설여진다? 왜 그럴까? 그 이유는 두 가지 정도로 생각해볼 수 있다.

첫째, 기업이 지원자들에게 기대하는 것과 지원자들이 기업에 기대하는 것이 너무나 다르다. 기업에서는 항상 수익을 내야 한다. 이를 위해 국내외 다른 기업들과 치열한 경쟁을 치르고 있다. 특히 요즘은 매일 전쟁과 같은 긴박한 하루를 보내고 있는 상황이다. 이를 위해 기업은 위기관리 능력이 뛰어나고, 창의성, 열정, 팀워크 등과 같은 역량이 뛰어나 어떤 상황에서도 흔들림 없이 수익을 올리는 데 이바지할 수 있는 사람을 찾는다. 반면 지원자들은 평생을 보장받을 안정적인 직장이나 돈을 많이 받을 수 있는 곳, 무언가 배울 수 있는 곳을 찾는다.

현실에서는 국내 최고의 기업인 삼성전자조차 당장 몇 년 앞을 걱정하고 있을 정도로, 모든 기업이 한 치 앞을 내다볼 수 없는 상황 속에서 고군분투하고 있다. 그 누구도 안정적인 직장을 제공할 수 없다. 그 누구도 평생을 보장해줄 수 없다. 수익을 많이 낸다면 직원들에게 많은 돈을 줄 수 있겠지만, 그게 언제나 가능한 것은 아니다. 기업이 어려울 때는 고통을 함께하는 희생정신도 필요하다. 게다가 기업은 무언가를 가르치는 학교가 아니다. 이처럼 양자 간의 시각차가 너무나도 크다.

둘째, 기업에서는 '채용 실패'로 인한 손실을 최소화하려고 한다. 면접장에 들어온 지원자들의 말을 들어보면 모두 입사하고자 하는 결의가 엄청나다. "뽑아만 주시면 저의 청춘을 다 바치겠습니다", "귀사에 입사만 할 수 있다면 뼈를 깎는 고통도 감내하겠습니다", "시켜만 주시면 어떤 일이라도 마다치 않고 다 하겠습니다", "연봉이나 복리후생 같은 것은 생각하지 않겠습니다. 오로지 일만 생각하겠습니다" 등. 그런데 이렇게 굳은 의지를 내비친 사람들이 정말 하나같이 청춘을 다 바치고, 뼈를 깎는 고통을 감내하며 궂은일도 마다치 않고, 돈에 연연하지 않고 일만 하고 있을까?

어느 통계자료에 의하면 입사하고 1년이 채 되지 않아 그만두는 사람이 거의 50%에 이른다고 한다. 게다가 이들이 회사를 그만두는 이유는 '일이 너무 많아서 개인생활을 할 시간이 없다', '업무가 적성에 맞지 않는다' 등이라고 한다. 온갖 노력을 다해서 어렵게 뽑은 사람이 한 명이라도 1년 안에 그만두면 기업은 채용 실패에 따른 막대한 손실을 보게 된다. 그리고 빈자리를 채우고자 또다시 수많은 돈과 시간을 투자해야 한다.

결국 기업들이 위에서 말한 두 가지 고민을 해결하기 위한 최고의 방법은 지독할 정도로 철저하고 꼼꼼하게 지원자들을 파악하는 것뿐이다. 지원자 1인당 배정된 면접시간이 아무리 길고 비용이 아무리 많이 들더라도, 기업의 일원이 되어 오랫동안 근무하며 거친 파도 속에서도 기꺼이 한배를 탈 수 있고, 나아가 기업이 수익을 달성하는 데 이바지할 수 있는 인재를 찾는 일에 아낌없는 노력을 기울이는 것은 바로 이러한 이유 때문이다.

철저하고 면밀하게 지원자를 파악할 수 있는 방법은 자기소개서와 면접뿐이다. 이제 서류전형은 그 비중이 점차 작아지고 있다. 자기소개서도 중요하지만, 지원자를 직접 만나서 다양한 방식으로 평가할 수 있다는 장점 때문에 면접이 채용전형의 핵심이 되는 것은 당연한 일이다. 다시 말해 기업의 처지에서 볼 때 면접은 기업의 미래를 위하여 너무나도 소중한 절차라고 할 수 있다.

기업의 처지에서 이토록 소중한 면접전형, 과연 기업들은 이토록 소중한 면접을 어떻게 활용하고 있을까?

2. 참으로 어려운 면접전형

"요즘 기업들, 너무 하네요. 아무리 사람 뽑기가 쉽다지만, 면접관들이 어쩜 그렇게 건방질 수가 있죠?"

작년에 한 라디오 프로그램에서 청취자 A양이 전화로 한 말이다. 사연은 다음과 같았다.

A양은 대학을 졸업하고 구직활동을 하고 있었다. 다른 사람들과 마찬가지로 취업하기가 쉽지 않았는데, 어느 날 드디어 모 기업으로부터 면접을 보러 오라는 연락을 받았다.

기쁜 마음에 화사하게 화장하고 예쁜 정장을 입고 면접을 보러 갔다. 면접관들의 질문에 멋지게 답변을 척척해서 "당신을 채용하겠습니다"라는 말을 즉석에서 듣는 흐뭇한 상상을 하며 도착한 면접장. 그런데 이게 웬걸? 면접관들에게 호통만 들었다. 너무나 어이없고, 기분이 상해 성의 없이 대답을 하는 둥 마는 둥 하고 나왔다고 한다.

그렇다면 정말 그 자리에 있던 면접관들은 원래부터 건방진 사람들이었을까? 사람을 뽑기가 너무 쉬워 눈이 높아진 나머지 겸손했던 사람들마저 건방져진 것이었을까, 아니면 뭔가 오해가 있었던 것일까? 당시 현장을 재구성해보면 아마 다음과 같았을 것이다.

장소 1. 면접 대기실

"OOO 씨 들어가세요"라는 면접진행자의 말을 들은 A양은 극도의 긴장감을 느끼면서도 결연한 표정으로 면접장에 들어간다.

장소 2. 면접장으로 들어가는 문 앞

A양은 노크하기 전에 심호흡을 한다.

'잘할 수 있을 거야. 마음 편하게 갖자. 분명히 면접관들은 나를 따뜻하게 맞아줄 거야. 내가 긴장하지 않도록 배려해주시겠지. 전력을 기울이자. 아자!!!'

장소 3. 면접장

A양의 눈에 세 명의 면접관이 들어온다. 다들 심각한 표정이다.

면접관 1: 앉으세요.

A양: 아, 네…….

면접관 2: (아주 차가운 표정으로) 간단히 자기소개해보세요.

A양: 아, 네……. 저는 대학교에서 경영학을 전공한 OO라고 합니다. 저의 장점은 이러이러하고, 단점은 이러이러합니다. 귀사에서 뽑아주시면…….

면접관 3: (A양의 말이 채 끝나기도 전에 냉정한 표정으로) 그 정도면 됐어요.

중간에 말을 끊는 면접관 때문에 A양의 기분은 급속도로 나빠진다.

면접관 1: (퉁명스럽게) 원래 표정이 그렇게 어두워요?

A양: 아, 네… 아니, 아닙니다.

면접관 2: 우리 회사에서 일하려면 표정이 밝아야 해요. 근데 그래서 어떻게 일하겠
　　　　　어요?

A양: 너무 긴장해서 그렇습니다. 평소에는 밝습니다.

면접관 3: 그 말을 어떻게 믿어요?

너무나도 당황했던 탓에 그다음부터는 어떤 질문이 있었는지, 어떻게 대답했는지 제대로 기억이 나지 않는 A양. 끝까지 불쾌한 표정을 짓다가 "이제 돌아가도 좋다"는 말에 면접장을 빠져나온다.

장소 4. 회사 밖

A양은 회사 현관문을 빠져나오자마자 분노의 감정을 억누르지 못한다.

"정말 기가 막혀서. 뭐 이따위 회사가 다 있어. 저래서 사람을 어떻게 뽑겠다고."

도대체 A양에게는 무슨 일이 일어났던 것일까? A양은 바로 스트레스 면접을 봤던 것이다. 이는 스트레스 및 위기관리 능력, 열정, 순발력 등을 평가하기 위해 기업들이 적극적으로 사용하는 방식이다.

만일 A양이 면접관들의 태도가 스트레스 면접을 보기 위함이었음을 알았다면 어떻

게 되었을까? A양은 불쾌함을 느낄 필요도 없었을 것이고, 자신이 이 회사에 입사하고자 하는 열망이 얼마나 강한지를 효과적으로 표현하는 기회로 삼았을 것이다. 그랬다면 면접관들은 압박 상황에서도 주눅 들지 않고, 자신의 의사를 적극적으로 표현하는 A양의 의지를 높이 샀을 것이다.

이처럼 요즘 기업들은 지원자들을 면밀하게 평가하기 위해 스트레스 면접과 같은 방식도 마다하지 않는다. 어디 스트레스 면접뿐이랴? 같이 밥을 먹어보기도 하고, 술을 마셔보기도 하고, 토론도 시켜보고, 프레젠테이션도 시켜보고, 요리도 시켜보고, 운동경기도 시켜보고, 응원도 시켜보고, 심지어는 함께 자고 먹고 하면서 지원자를 평가하기도 한다. 1박 2일에서 시작된 합숙 면접은 이제 일주일 이상으로 길어지고 있다.

그뿐만이 아니다. 질문도 점차 다양하고 어려워지고 있다. 개인에 대한 신상 질문은 기본이고, "서울에 바퀴벌레가 몇 마리가 있을 것 같은가?", "상사가 금연구역에서 담배를 피우고 있다면 어떻게 할 것인가?" 등과 같이 순발력과 상황 판단력 등을 파악하기 위한 질문이나 "당신은 우리 회사랑 잘 맞지 않는 것 같군요" 등과 같은 압박 질문들까지 쏟아지고 있다.

오늘도 기업의 채용담당자들은 지원자들을 더욱더 철저하게 평가하기 위한 평가방식과 질문을 연구하고 있다. 앞으로도 이들의 고민은 계속될 것이다. 면접이 얼마나 어려워지고 있는지를 파악했다면 이제 다양한 면접유형에 대해서 알아볼 차례다.

3. 다양하기도 한 면접유형

● 문답식 면접

면접관이 후보자에 대해 궁금한 것들을 질문하고 그 질문에 후보자가 대답하는 형식으로 이루어지는 가장 보편적인 면접형태다. 후보자와 면접관이 몇 명이냐에 따라 1:1 면접, 1:多 면접, 집단 면접으로 구분된다.

● 1:1 면접

1차 면접이나 실무자 면접 시 주로 이용되는 방식으로 면접관과 후보자가 모두 한 명이다. 흔한 사례는 아니지만, 대표이사와의 최종 면접형태가 될 수도 있다. 면접관이 한 명이기 때문에 면접관의 성향이나 주관에 의해 영향을 받을 수 있다.

● 1:多 면접

대부분의 기업들이 채택하는 전형적인 방식이다. 면접관이 한 명일 경우, 면접관의 성향에 의해 평가기준이 달라질 수 있는 단점을 극복하기 위해 많은 면접관을 둔다. 면접관이 많으므로 매우 다양한 질문이 쏟아질 수 있다. 정해진 시간 안에 효과를 극대화하기 위해 면접관들이 사전에 질문들을 조정하기도 하고, 역할을 배정하기도 한다.

후보자로서는 긴장감이 높아질 수밖에 없다. 면접관들이 잠시의 쉴 틈도 주지 않고 질문을 쏟아내는 압박 면접이나 스트레스 면접을 진행하기 좋은 방식이다.

● 집단 면접

　대규모 채용이 이루어지는 대기업 면접 시 자주 이용되는 방식이다. 한정된 시간 안에 많은 지원자들의 면접을 보아야 하기 때문에 면접관도 많고, 후보자도 많다. 1:1이나 1:多 면접에 비해 한 개인에게 집중적인 질문을 많이 하기 어렵다.

　후보자로서는 다른 후보자들과 느끼는 경쟁의식이 극대화된다. 같은 질문에 대한 나의 답변과 다른 사람의 답변을 들으면서 자신감을 얻기도 하고 반대로 자신감을 잃기도 한다. 다른 후보자들을 너무 의식하면 만족스러운 답변을 하지 못할 수 있으므로 주관을 갖고 자신이 준비한 내용대로 자신 있게 임하는 것이 가장 좋은 방법이다.

● 토론 면접

후보자

   토론 면접이란 후보자들끼리 특정 주제에 대해 토의를 벌이고, 이 과정을 면접관이 평가하는 방식이다. 팀 인원은 주로 4~8명 사이로 구성되고, 시간은 보통 한 팀당 30분에서 한 시간 정도 배정된다.

   면접관은 후보자들의 발언 내용, 표정, 손짓, 몸짓, 발언하는 태도, 다른 후보자의 발언을 듣는 태도 등을 통해 논리력, 사고력, 판단력, 표현력, 문제해결 능력, 창의력, 의사소통 능력, 협조성, 조직 적응력, 리더십 등을 평가한다.

   토론의 주제는 매우 다양하며, 현시점에서 쟁점이 되는 시사적인 문제가 자주 등장한다. 국내 주요 대기업들뿐만 아니라 금융권, 공기업 등에서도 실시하고 있다. 중소기업들도 이를 적극적으로 도입하는 추세다. 다른 사람의 의견을 배려하면서 자신의 의견을 조리 있게 펴나가고, 주제에 대한 명확한 결론을 함께 이끌어갈 수 있는 능력을 보여주는 것이 중요하다. 이를 위해서는 평소에 동료와 함께 그룹을 결성하여 출제 가능한 시사문제를 정리해보고, 예상문제를 만들어 직접 모의 면접을 진행해보는 것이 좋다.

● PR 면접 · 프레젠테이션 면접

기업 간의 치열한 경쟁환경 속에서 자신의 아이디어나 의견을 상대방에게 효과적으로 전달하고 설득하는 능력은 매우 중요하다. 이러한 능력을 판단하기 위해 PR 면접과 프레젠테이션 면접이 시행되고 있다. 특정 주제를 바탕으로 자료를 준비하고, 혼자 면접관들 앞에서 발표하는 과정을 통해 발표력, 설득력, 창의성, 논리력, 의사소통 능력, 전문성, 문제해결 능력 등이 종합적으로 판단된다.

후보자의 처지에서 PR 면접은 자신의 장단점 등에 대해 설명하며 자신이 지원한 기업과 업무에 적합한 사람이라는 것을 강조하는 것이다. 프레젠테이션 면접은 전공이나 특정 분야에 대한 실무 능력을 보여주는 것이다. 보통 PR 면접은 3~5분, 프레젠테이션 면접은 30분 내외의 시간을 준다.

대부분의 취업준비생들은 PR 면접이나 프레젠테이션 면접을 가장 부담스러워한다. 자료를 만드는 것도 그렇거니와 무엇보다도 일방적인 주입식 교육을 받아온 취업준비생들에게는 여러 사람 앞에서 혼자 발표를 한다는 것 자체가 매우 어렵고 두려운 것으로 인식되기 때문이다. 그러나 준비만 잘한다면 일반 면접보다 더 자신이 하고 싶은 말과 장점을 부각시킬 수 있다. 주어진 시간 안에 자신이 하고 싶은 말을 정리해서 특정 주제에 대해 설명하는 것이 가능하기 때문에 주도적으로 면접을 통제하고 진행할 수 있다.

PR 면접을 준비하려면 평소에 자신이 지원한 기업과 업무에 적합한 사람이라는 것을 보여줄 논리적 근거와 사례들을 준비하고, 해당 업무를 진행할 때 자신의 장점을 어떻게 살려나가고 단점은 어떻게 극복해나갈지를 충분히 설명하는 연습을 해놓으면 된다. 단, 면접관들이 볼 때 자기 자랑이 너무 지나쳐 보이지 않도록 주의해야 한다. 비디오로 직접 찍어서 보는 것이 가장 효과적인 방법이다.

프레젠테이션 면접을 준비하려면 특정 주제에 대해 파워포인트로 정리하는 연습을 많이 하는 것이 좋다. 실제 면접 시에는 준비시간이 많지 않기 때문에 핵심 주제나 내용을 압축하여 표현해야 하고, 주장을 전개하는 내용과 흐름이 맞아야 하며, 전체적으로 논리적인 체계를 갖추어 파워포인트를 구성해야 한다. 또한 보기에 단순하거나 지루하지 않도록 적절한 그림, 도표, 그래프 등을 사용하는 것도 좋은 방법이다.

지원하고자 하는 업종 및 업무와 관련된 전문지식이나 시사적인 지식을 많이 쌓아두는 것도 필요하다. 보통 준비시간이 30분 내외로 주어지기 때문에 그 안에 주제에 대해 서론, 본론, 결론으로 나누어 논리를 전개할 수 있도록 많은 연습이 필요하다. 직접 비디오로 찍은 것을 보면서 자신감이 없어 보이지는 않는지, 부적절한 용어를 사용하지는 않는지, 주장에 무리가 있지는 않은지, 표정·목소리·제스처 등은 부자연스럽지 않은지 등을 체크하고 보완해나가도록 해야 한다.

● 압박 면접·스트레스 면접

면접관들은 "당신은 자격이 없으니 이제 집에 가세요"와 같은 지원자가 전혀 예상하지 못했던 말과 행동을 하거나, "당신은 능력도 자질도 없네요. 근데 뭐 하러 여기 왔어요?"와 같은 말로 기분 나쁘게 만들거나, 말꼬리를 계속 붙잡고 늘어지는 등의 스트레스 면접을 진행한다. 스트레스 면접을 진행하는 이유는 후보자가 위기상황에 어떻게 대처하는지, 스트레스와 같은 불편한 상황을 어떻게 극복해내는지, 자제력·순발력·재치·융통성이 있는지 등을 판단하기 위해서다.

직장생활은 스트레스의 연속이고, 예기치 못한 위기상황들의 연속이다. 이를 극복하지 못하면 업무 생산성이 떨어지고, 개인적으로는 점점 직장생활에 적응하지 못해 낙오자가 될 수밖에 없다.

한국얀센의 경우 정신과 전문의가 면접관으로 참석하여 심층압박 면접을 진행하며, 대응하기 난처한 질문만을 퍼붓는다. 당황하거나 화를 내거나 아무 말도 하지 못하거나 하면 바로 점수가 깎인다. 정신과 전문의의 역할은 지원자들이 얼마나 안정적인 심리상태를 유지하는지 판단하고 분석하는 것이다.

스트레스 면접이라고 판단될 때에는 당황하는 표정을 드러내지 말고, 차분하게 질문에 답하는 모습을 보여줄 수 있도록 많은 연습이 필요하다.

● 합숙 면접

그야말로 후보자들의 일거수일투족을 며칠에 걸쳐 관찰하고 평가할 수 있는 면접 방식이다. 1박 2일에서 2박 3일로 진행하는 경우가 대부분이며, 길게는 일주일 동안 진행하는 기업도 있다. 주로 금융권에서 시행한다. 일반 면접은 상대적으로 짧은 시간

동안 응시자의 외모, 말투 등을 통해 평가하게 되므로 한계점을 가질 수밖에 없는 반면, 합숙 면접은 오랫동안 지원자들의 종합적인 면을 효과적으로 평가할 수 있어 많은 기업들이 이를 도입하고 있다.

이 기간에 다양한 프로그램과 면접이 진행된다. 팀을 이루어 주어진 과제를 수행하거나 이를 평가하기도 하고 새벽 등산, 체육 등과 같은 단체활동을 통해 조직 적응력, 협동성, 리더십 등을 평가하기도 한다. 술자리, 오락회, 각종 세미나 등을 통한 평가도 이루어진다.

합숙 면접에서 좋은 점수를 얻으려면 다음과 같이 하는 것이 좋다.

- 너무 튀려고 하지 말고, 팀 속에서 동료들과 잘 어울리는 모습을 보여주어야 한다. 팀별로 주어진 과제는 적극적으로 참여하고, 다른 동료와 함께 좋은 성과를 내기 위한 노력을 기울여야 한다.
- 주어진 스케줄과 규정을 잘 준수해서 성실하고 부지런한 모습을 보여주어야 하며, 동료를 잘 도와주어야 한다.
- 술자리에서는 자연스럽게 분위기를 맞추며 주위 사람들과 잘 어울리는 모습을 보여주는 것이 좋다. 이야기의 내용은 될 수 있으면 밝고 긍정적인 것이 좋다. 주량을 조절하지 못해 흐트러진 모습을 보이면 절대 안 된다.
- 술을 못 마시면 못 마신다고 솔직하게 이야기하고, 술을 안 마신 상태에서도 술자리에 잘 어울리는 모습을 보여주는 것이 좋다.
- 일거수일투족이 다 평가받는 것에 대해 부담스러워하거나, 스트레스를 받지 않도록 온 힘을 다해야 한다. 스트레스를 받게 되면 표정에 바로 나타나게 되고, 자칫 조직에 적응하지 못하는 사람으로 평가받을 수 있다.

● 운동 경기와 회식

　　GS칼텍스에서 실시하는 방식이다. 지원자들과 기존 사원들이 축구 경기를 하고, 회식까지 함께한다. 이 속에서 평가되는 것은 지원자들의 건강과 체력, 대인관계, 협동심, 팀워크 등이다. 합숙 면접과 같이 상대적으로 긴 시간 동안 많은 것들을 평가할 수 있기 때문에 여러 기업들이 도입할 가능성이 있다.

● 롤 플레이 면접

　　주로 서비스 업체에서 많이 실시한다. 서비스업은 고객의 요구사항이 매우 다양하고, 많은 불만사항이 발생할 수도 있다. 이런 상황들을 미리 설정하여 지원자들이 효과적으로 대처하는지를 평가한다. 이미 대한항공에서 오래전부터 실시 중이다. 비행기 안에서는 고객불만 사항뿐만 아니라 각종 위기상황이 많이 발생할 수 있기 때문에 승무원으로서의 자질을 평가하는 데에는 최적의 방법이다.

4. 많기도 한 면접질문

　　면접전형에서 제시되는 질문은 크게 다섯 가지로 나눌 수 있다. 첫 번째는 지원자의 개인사항에 대한 질문, 두 번째는 지원 동기 및 포부에 대한 질문, 세 번째는 시사적인 지식이나 전공 분야의 지식에 대한 질문, 네 번째는 특이한 질문, 다섯 번째는 당혹스러운 질문 등이다.

　　첫 번째와 두 번째, 세 번째 질문은 사전에 충분한 준비가 되어 있다면 답변하기가 어렵지 않다. 그러나 네 번째와 다섯 번째 유형의 질문은 갑작스럽게 던져지기 때문에 상당히 어렵다.

　　앞에서 설명했듯이 기업에서는 지원자가 수익을 올리는 데 이바지할 수 있는 사람인지 철저하게 파악하고 싶어 하므로 면접질문을 준비하는 데 공을 들인다. 그렇다면 기업들은 왜 사전에 예상하기 어려운 질문을 던질까? 그 이유는 신입사원으로서 갖춰야 할 필수요소들, 즉 창의성, 융통성, 위기관리 능력, 재치, 순발력, 배짱, 도전정신, 끈기 등을 판단하는 데에는 지원자들을 당황하게 하는 특이한 질문들이 효과적이기 때문이다. 누구나 예측할 수 있고, 대처할 수 있는 질문에 대한 대답은 지원자들이 워낙 잘 준비해 오기 때문에 변별력을 갖기 어렵다. 누구도 예측할 수 없는 질문을 던져야 그 사람의 자질을 더 잘 판단할 수 있어 최근에 기업들이 많이 선호하고 있다.

　　자주 등장하는 질문과 특이한 질문을 중심으로 면접에 등장하는 질문들을 살펴보도록 하자. 전공 지식을 묻는 것은 매우 방대하기 때문에 여기서는 제외하기로 한다.

● 1:1 면접지원자의 개인사항에 대한 질문

- 가족 소개를 해보라.
- 친구들이 부르는 별명은 무엇인가? 왜 그런 별명을 얻었다고 생각하는가?
- 왜 이 전공을 택했는가?
- 출신 학교와 학과 자랑을 하시오.
- 자신의 장점과 단점은 무엇인가?
- 본인의 인생관은?
- 최근에 본 영화 중 가장 감명 깊었던 것은?
- 가장 존경하는 인물과 그 이유는?
- 취미와 특기는?
- 인생에서 가장 슬펐던 때는? 기뻤던 때는?
- 살아가면서 겪은 실패 경험은? 그리고 어떻게 극복했는가?
- 동아리 활동에 대해 설명해보라.
- 기억나는 여행지는?
- 봉사활동이나 기타 사회활동 경험에 대해 이야기해보라.

● 1:1 면접지원 동기 및 포부에 대한 질문

- 우리 회사가 당신을 뽑아야 하는 이유 세 가지를 말해보라.
- 전공이 이 일을 하는 데 어떤 도움이 될까?
- 이 일을 할 때 가장 중요한 자질은?
- 희망 근무지가 아닌 다른 지역에서 근무하게 되면 그만두겠는가?

- 입사 후 담당 업무가 자신에게 맞지 않으면 어떻게 할 것인가?

- 다른 회사와 동시에 합격한다면 어떻게 하겠는가?

- 왜 대기업(또는 중소기업)을 지원했는가?

- 우리 회사에 대해서 아는 것을 모두 말해보시오.

- 우리 회사 제품을 써보았는가? 써보았다면 개선점은?

- 우리 회사에서 바라는 인재상은 무엇이라고 생각하는가?

- 우리 회사의 50년 후 모습은?

- 5년 후 자기의 모습을 말해보시오.

- 당신의 포부는 무엇인가?

- 앞으로의 비전은 무엇인가?

- 비전을 위해서 구체적으로 어떤 노력을 하고 있는가?

- 장기적인 커리어는 무엇이며, 이 회사에서 얼마나 일할 것인가?

● 시사적인 질문

- 노동조합에 대해서 어떻게 생각하는가?

- 최근 전셋값 상승을 해결할 방법은?

- 포스코 왕 상무 라면사건에 대한 본인의 생각은?

- 남양유업 사태를 토대로 해서 갑을관계 또는 정도경영에 대한 본인의 생각은?

- 대기업이 중소기업과의 상생을 추구해야 하는가?

- 대형마트가 재래시장 상인들에게 막대한 피해를 주고 있다는 견해에 대해 어떻게 생각
  하는가?

- 세계적인 경제 위기는 끝났는가, 아니면 계속되고 있는가? 그 이유는?

- 전통시장 활성화에 대한 본인의 생각은?

- 은행에서 보험을 파는 것에 대한 본인의 견해는?

- 개성공단의 경제적인 의미는?

- 4대강 사업에 대해 어떻게 생각하는가?

- 청년 실업 문제를 해결할 방안은?

- 대학 등록금 문제를 해결할 방안은?

● 특이한 질문

- 서울에 있는 바퀴벌레는 모두 몇 마리일까?

- 1에서 100까지 더하면 모두 얼마일까?

- 한라산이나 백두산을 옮긴다면 시간과 비용이 얼마나 들겠는가?

- 사막이나 극지방을 여행하는 데 필요한 세 가지는?

- 서울 시내 주유소는 몇 개이고, 그 근거는?

- 빨래가 마르는 이유를 열역학적으로 설명하면?

- 서울 시내에 있는 중국집 전체의 하루 판매량을 논리적인 근거를 제시해 계산하면?

- 통일 이후 북한에서 가장 번성하리라 예상되는 사업을 한 가지 제시한다면?

- 한미 FTA가 체결되면 우리 동네 세탁소의 운명은 어떻게 될까?

- 애인이 기다리고 있는데 야근을 해야 한다면 어떻게 하겠는가?

- 상사가 불합리한 일을 시킨다면 어떻게 하겠는가?

- 1년 동안 복사만 시킨다면 어떻게 할 것인가?

- 우리 회사에 합격했는데, 더 좋은 곳에서 스카우트 제의가 들어온다면 어떻게 하겠는가?

- 로또 1등에 당첨되면 어떻게 하겠는가?

● 곤혹스러운 질문들

- 아무리 생각해도 우리 회사와는 맞지 않는 것 같아요. 다른 회사에 가시는 게 어떠신지?

- 취직할 생각이 전혀 없어 보이는데…….

- 지금 그 말은 무책임한 말 아닌가?

- 열의가 느껴지지 않는데…….

- 자네는 나하고 동향이군.

- 그래서 결론이 무엇이라는 이야긴지…….

- 인상이 별로 좋지 않네요.

- 입사 시험 성적이 하위권이라는 사실을 알고 있는가?

- 겨우 그 정도 열의를 가지고 우리 회사에 들어오고 싶다는 말인가?

5. 말만 잘하면 백전백승?

"있잖아, 나 이번 면접 정말 잘 봤어. 예상했던 질문이 대부분 나온 거 있지? 게다가 준비한 대로 말을 아주 잘했거든. 좋은 결과가 있을 거야. 한턱 단단히 내마."

작년 가을 국내 대기업 계열사인 C사의 면접을 보고 온 정○○ 군은 면접을 아주 잘 봤다면서 합격은 떼놓은 당상인 것처럼 친구들에게 말하고 다녔다. 그러나 일주일 후 합격자 발표에서 보기 좋게 떨어진 것은 물론이고, 한동안 부끄러워서 친구들 앞에 나타나지도 못해 자취방과 PC방을 전전해야 했다.

이대로 그냥 넘어갈 수가 없다. 정○○ 군의 패인을 짚고 넘어가 보자. 정○○ 군이 합격은 떼놓은 당상이라고 자신했던 근거는 바로 면접장에서 '말을 잘했다'는 이유에서였다. 자신이 생각했을 때 면접관의 질문에, 그것도 예상했던 질문에 막힘없이 술술 답변을 하는 것, 즉 말을 잘하는 것이 면접에서 성패의 관건이라는 이야긴데……. 과연 이 생각은 맞는 것일까?

일반적으로 취업을 준비하는 사람들은 '말을 잘하는 것'이 면접에서의 성패를 좌우한다고 생각한다. 평소에 말을 잘하는 사람을 보면 '저 친구는 저렇게 말을 잘하니 분명 면접에서 좋은 점수를 받을 거야'라고 생각을 하기 쉽다. 물론 말을 잘하는 것이 면접에서 긍정적인 요소로 작용하는 것은 사실이다. 그러나 그것만이 전부는 아니다.

정○○ 군은 면접장에서 말을 잘했다. 하지만 이것은 정○○ 군의 처지에서만 생각한 것이다. 정○○ 군이 말을 잘했을지언정, 면접관은 그렇게 받아들이지 않았을 수도 있다. '말을 청산유수처럼 잘하긴 하는데, 정리가 잘 안 되어서 무슨 말을 하는지 이해가 잘 안 가네', 혹은 '말을 막힘없이 많이 하긴 하지만 듣기에는 좀 지루해', '뭔가 말을 많이 하긴 하는데 발음이 부정확해서 무슨 말인지 알아듣기 어려워' 등과 같이 생각할 수도 있다. 즉, 지원자가 아무리 말을 잘해도 면접관의 처지에서는 그렇게 받아들여지지 않을 수도 있다.

그렇다면 어떻게 해야 할까? 바로 면접관의 처지에서 말을 해야 한다. 구체적으로 말하면 면접관이 이해하기 쉽도록 말을 해야 한다. 이를 위해서는 '말을 잘하는 것'보다 '잘 전달하는 것'이 더 중요하다. 면접은 나 혼자 만족하기 위한 자리가 아니다. 면접은 면접관을 만족시키기 위한 자리다. 따라서 철저하게 면접관의 처지에서 면접관이 잘 알아들을 수 있도록 이해하기 쉽고 명쾌하게 전달해야 한다.

면접은 '누가 더 면접관을 배려하며 이야기하는가?'에 따라 승패가 결정 나는 싸움이다. 이 점을 반드시 명심하고 준비하길 바란다. 면접관을 상대로 자신의 의견을 잘 전달하는 방법에는 크게 세 가지가 있다.

● 면접관의 처지를 잘 알아야 한다

면접관은 막중한 임무를 띤 사람이다. 면접관이 제대로 실력 발휘를 하느냐 못 하느냐에 따라 핵심 인재를 뽑느냐 마느냐가 결정된다. 면접관이 조금이라도 긴장을 늦추거나 성의 없이 면접에 임하면 유능한 인재를 눈앞에서 놓치게 된다. 면접관이 제대로 된 사람을 고르지 못하면 나중에 조직이 성장하는 데 장애가 되거나, 조직에 잘 적응하지 못해 금방 그만두는 사람들만 합격시킬 수 있다.

기업에서는 이러한 일을 사전에 방지하기 위해 면접관을 선정하는 데 심혈을 기울이고, 선정된 면접관들에게 철저한 교육을 하기도 한다. 심지어 국내의 모 그룹은 면접관이 뽑은 사람이 입사 후 금방 그만두거나 성과를 내지 못하면 이 사람을 뽑은 면접관의 인사평가 점수에 불이익을 주기도 한다.

사정이 이렇다 보니 면접관들은 핵심 인재를 뽑고자 하는 투철한 사명감을 갖지 않을 수 없고, 한 명의 지원자도 소홀히 대하거나 대충 평가하는 법이 있을 수 없다. 긴장을 늦추거나 성의 없이 면접에 임하기는커녕 옥석을 고르기 위해 지원자의 일거수일투족을 파악하는 데 집중한다. 이러한 면접관들을 생각한다면 우리가 얼마나 성심성의껏 면접에 임해야 하는지 절감할 수 있을 것이다. 단지 말만 잘하기 위해 노력해서는 안 된다.

● 면접관이 바라는 것을 알아야 한다

면접관은 기업에 새로운 활력을 불어넣어줄 신입사원을 찾는다는 점에서 기대하는 것이 아주 많다. 이들은 지원자가 당당하기를 바란다. 즉, 아무리 압박을 하고 호통을 쳐도 자신의 주장을 떳떳하고 당차게, 그것도 아주 우렁찬 목소리로 표현해주길 바란다. 또한 지원자가 창의적이기를 바란다. 즉, 미리 준비된 원고대로 말하거나, 남들이 다하는 이야기를 똑같이 하거나, 평범한 이야기를 단순히 반복하는 데 그치지 않고 뭔가 새롭고 독특한 시각의 답변을 듣기 원한다. 끝으로 지원자가 '명쾌하게' 표현해주기를 바란다. 즉, 목소리도 투명하고 발음도 명확하며 주장하는 바를 잘 정리해서 말해주길 기대한다. 이처럼 면접을 준비하려면 단순히 말만 잘하는 것 이상의 것들에 신경을 써야 한다.

● 면접관에게 잘 전달하기 위한 훈련을 해야 한다

먼저 면접관에게 좋은 첫인상을 남기기 위한 헤어스타일, 메이크업, 복장 등 이미지 메이킹에 신경을 써야 한다. 전문가에게 컨설팅을 받아도 좋고, 책이나 인터넷 등의 자료를 참조하여 자신에게 맞는 이미지를 찾는 것도 좋다.

이미지 메이킹 다음으로 중요한 것은 호감 가는 목소리이다. 목소리는 타고나는 것이지만, 훈련에 의해 맑은 목소리를 만들 수 있다. 본인의 목소리가 마음에 들지 않는다면 전문기관에서 발성법, 호흡법 등의 훈련을 받는 것이 좋다. 또한 자신감 있는 큰 목소리는 패기와 열정을 나타내준다. 사전에 면접 연습을 할 때 큰 목소리로 말하는 훈련을 하도록 한다.

그다음은 발음이다. 명확하지 않은 발음은 평가에서 마이너스 요소가 된다. 평상시에 글을 또박또박 읽는 연습을 충분히 해야 한다. 부정확한 발음 때문에 고민이 많다면 입에 나무젓가락을 물고 읽는 연습을 하는 것도 좋은 방법이다.

마지막으로 정리를 잘해서 말해야 한다. 내가 말하는 것을 상대방이 노트에 받아 적고 있다고 생각해보라. 질서 없이 중언부언한다면 상대방이 노트 필기를 하기가 쉬울까? 상대방이 노트 필기를 하기에 가장 좋은 방법은 결론부터 이야기해주고 나서 그 근거를 이야기하는 것이다. 근거도 첫째, 둘째, 셋째 등으로 정리해준다면 더 받아 적기 좋을 것이다. 또한 중요한 포인트는 손짓을 한다거나, 좀 더 강하게 말한다거나, 표정을 바꾼다거나 한다면 듣는 사람의 처지에서 더욱더 이해가 잘 될 것이다.

6. 떨림증, 어떻게 좀 해주세요!

면접을 경험해본 사람이라면 잘 알겠지만 사전에 아무리 준비를 잘해도 막상 면접장에 들어가면 온몸이 사시나무 떨듯 떨리고, 머릿속은 하얗게 변하면서 아무런 생각도 나지 않게 된다. 질문이 시작되면 정신은 하나도 없고, 내가 지금 무슨 말을 하는지, 면접관들이 나의 답변에 만족스러워하는지도 모르겠고, 좀 전에 실수한 것이 자꾸 마음에 걸리고, 전혀 예상치도 못했던 질문들만 계속 쏟아지고, 계속 정신이 없고 망쳤다는 생각도 들고, 그래도 끝까지 해봐야겠다는 생각도 들고, 그냥 집에 돌아가고 싶은 생각도 들고, 오늘 아침 집에서 나올 때 파이팅을 외쳐준 가족들 얼굴도 떠오르고, 친구들 앞에서 자신 있는 표정을 보여주었던 것도 생각나고, 다른 사람은 몰라도 나만큼은 꼭 합격할 거라고 믿는 친구들의 얼굴도 떠오르고, 탈락하면 어떻게 될까 걱정도 되고, 집에 돌아가면 종일 잠이나 자야겠다는 생각도 들고, 계속 이렇게 떨다가는 아무것도 안 될 것이라는 생각도 들고, 정신을 차리려고 노력은 하지만 계속 떨리고, 같이 들어온 지원자들은 하나도 안 떠는 것 같기도 하고, 같이 들어온 지원자들은 청산유수처럼 답변을 잘해서 주눅이 들기도 하고…….

'맞아, 맞아. 바로 내 이야기야'라면서 적극적으로 동감하는 사람들이 아주 많을 것이다. 떠는 것 자체 때문에 너무 큰 스트레스를 받아서 면접 공포증까지 생긴 사람들도 많다. 그러나 걱정할 것 하나 없다. 이렇게 단언하는 이유는 다음과 같다.

첫째, 누구나 떠는 건 마찬가지다. 면접장에 들어가서 하나도 안 떠는 사람은 없다. 다만 개인적으로 떠는 정도에 차이가 있을 뿐이다. 따라서 자기만 떠는 것 같다고 걱정했다면 일단 안심하라.

　둘째, 면접관은 지원자가 떠는 것을 잘 알고 있고, 그것이 당연하다고 생각한다. 오히려 하나도 떨지 않는 것을 의아하게 생각할 정도다. 자신이 떠는 것에 대해 면접관이 부정적으로 생각한다거나, 떠는 것 때문에 점수가 깎이면 어쩌나 걱정했다면 안심하라.

　셋째, 기업에서는 지원자가 최대한 떨지 않도록 배려를 한다. 기업은 지원자가 면접장에 와서 최상의 컨디션을 유지하고, 자신의 실력을 마음껏 발휘하길 바란다. 입사하면 최고의 성과를 낼 수 있는 사람이 면접장에서 너무 긴장한 나머지 제 기량을 발휘하지 못해 결국 인재를 놓칠까 봐 기업에서도 걱정한다. 요즘 기업들은 지원자의 긴장감을 완화하기 위해 팔을 걷어붙이고 나서고 있다. 면접 대기실에 긴장감을 풀어주는 클래식 음악을 틀어주기도 하고, 코미디 프로그램을 틀어주기도 한다. 면접진행자들이 면접장에 들어가기 전에 편안하게 대화를 유도하여 긴장을 풀어주기도 한다. 또한 너무 긴장해서 제대로 답변을 하지 못하는 지원자에게 질문을 더 던져주기도 한다. 계속 기회를 주기 위해서다. 기업이 이 정도로 배려하는데 언제까지 떨림증만 걱정하고 있을 것인가?

● 그래도 떨지 않는 방법을 알려주세요

　이렇게까지 이야기했는데도 여전히 떨지 않을 수 있는 방법을 알려달라고 호소하는 사람이 있을 것이다. 결론부터 말하면 떨지 않을 수 있는 방법은 없다. 면접장에서 느끼는 긴장감은 많은 청중이 모인 무대에 오를 때의 긴장감만큼 크다. 수업 시간에 발표를 몇 번 해봤다고 해결될 긴장감이 아니다. 세계에서 가장 높은 산이란 산은 모조리 정복해서 유명해진 모 산악인도 못 오르는 곳이 하나 있는데, 그곳은 바로 무대라고 할 정도다. 매일 무대에 오르는 직업을 가진 사람들이라면 모르겠지만, 취업을 준비하는 사람들은 그 정도로 충분한 경험이 있지도 않고, 그럴 수도 없다.

또한 전혀 떨지 않는 것은 면접에 아무런 도움이 되지 않는다. 적절한 긴장감은 집중력을 높이고, 온 힘을 다하도록 채찍질을 해준다. 따라서 굳이 떨지 않으려고 노력할 필요는 없다.

중요한 것은 떨림증을 잘 관리하는 것이다. 즉, 긴장하지 않는 것이 관건이 아니라 바로 긴장을 잘 관리하는 것이 관건이다. 긴장해서 떨리는 상황에서도 자신의 감정을 잘 조절하여 면접관이 던지는 질문에 자신이 의도한 대로 답변을 하는 것이 최고의 방법이다.

● 긴장을 잘 관리하려면 어떻게 해야 할까?

연습 또 연습을 해야 한다. 여기서 말하는 연습이란 모의 면접을 의미한다. 모의 면접에서의 효과를 극대화하려면 실제 면접장과 같은 분위기를 연출하고, 면접 시 입을 옷을 입고, 되도록 연장자가 면접관 역할을 할 수 있도록 한다. 너무 친한 사람이 면접관 역할을 하면 긴장감이 떨어질 수 있다. 모의 면접은 면접장 문을 노크하는 것에서부터 시작해 면접이 끝나고 다시 면접장 문을 나서는 것까지 진행해야 한다.

● 모의 면접 상황을 반드시 비디오로 촬영하라

카메라가 앞에 있으면 긴장감을 한층 더 높일 수 있다. 비디오로 촬영된 자신의 모습을 보는 것, 긴장해서 실수를 하기도 하고 어색한 말투와 표정을 짓는 자신을 보는 것은 한마디로 '끔찍한 일'이다. 끝까지 촬영된 내용을 보지 못하는 사람들도 많다. 촬영한 것을 볼지 안 볼지는 당사자에게 달린 문제지만, 과연 자신이 보기에도 끔찍한 모습을 실제 면접장에서 면접관에게 그대로 보여주는 게 어떨지 잘 고민해보길 바란다. 즉, 촬영한 것을 그냥 보지 않고 끔찍한 모습 그대로 면접을 볼지, 아니면 용기를 내서 본 뒤 보완하고, 다시 찍고, 다시 용기를 내서 보고, 보완하고, 다시 찍고를 반복해서 결국 자신이 봐도 어색하지 않을 때까지 노력할 것인지 잘 판단해보길 바란다. 이 정도의 노력을 기울인다면 면접장에서 '긴장을 잘 관리하는' 자기 자신을 발견하게 될 것이다.

● 입사하고자 하는 큰 열망과 뚜렷한 명분을 가져라

면접관 앞에서도 당당할 만큼 그 기업에 입사하고자 하는 열망이 크다면, 그 누구보다도 자신이 뽑힐 수밖에 없는 구체적인 이유를 스스로 잘 알고 있다면, 그리고 다른 곳이 아닌 그 기업에서 반드시 일하고 싶은 뚜렷한 이유가 있다면 아무리 긴장된 상황에서도 자신을 잘 조절하면서 좋은 성적을 얻을 수 있을 것이다. 지원한 기업에 입사하고자 하는 뚜렷한 명분이 없는 사람은 자신감이 떨어지고, 제대로 된 답변을 하지 못해 면접관에게 압박을 당하고, 압박의 결과 주눅이 들게 되는 악순환의 고리에 빠지게 된다. 이 악순환의 고리가 바로 심하게 떨게 하는 주요 원인임을 명심해야 한다.

7. 열정을 표현하는 방법

"거참, 애매하네. 다들 우리 회사에 들어오고 싶다고는 하는데, 도무지 적극적인 의지나 열정이 느껴지질 않아."

2013년 3월, K사의 면접 현장. 면접관으로 참석한 김 차장은 고개를 갸우뚱거린다. 그리고는 한마디를 더 내뱉는다.

"뭔가 2% 부족해."

김 차장의 말은 모든 면접관들의 생각을 잘 대변해준다. 지원자들의 면면을 보면 다들 능력도 있고 배경도 화려해서 모두 다 탐이 나지만, 막상 뽑고 싶은 사람은 없다는 것이 이들의 공통된 설명이다.

김 차장과 같은 면접관들의 고개를 갸우뚱거리게 하는 이유, 즉 이들에게 확신을 주지 못하는 이유는 과연 무엇일까? 그것은 지원자들이 입사하고자 하는 열정을 잘 표현하지 못하기 때문이다.

"그럴 리가요. 저는 입사하고자 하는 열의를 얼마나 잘 말씀 드렸는데요. '최고의 기업에서 젊음을 불살라 회사의 성장을 위해 뼈를 묻을 각오로 일하겠다'고 말을 했거든요. 잘했죠? 이 이상 저의 열정을 잘 표현해주는 말이 또 어디 있을까요?"

M대를 졸업한 박모 군의 주장이다. 면접을 경험한 지원자들의 대부분은 박모 군과 같은 생각을 하고 있다. 면접 끝에, 결의에 찬 말 몇 마디만 하면 충분히 자신의 열정이 전달된다고 생각하는 것이다.

그러나 면접관의 생각은 그렇지가 않다. 모든 지원자들이 면접 끝에, 열의에 찬 몇 마디의 결의를 던진다. 거창하기 그지없는 결의의 표현이지만 사실 그 내용은 지원자마다 별반 다르지 않다. 즉, 반복되는 거창한 표현은 면접관에게 절대 신선하게 들리지도 않고, 그다지 거창하지도 않으며 엄청난 결의로 느껴지지도 않는다. 이를 바꿔 말하면 그 누구도 버리고 싶지 않지만, 그렇다고 딱히 뽑고 싶은 사람이 눈에 띄지 않을 때 제대로 열정을 표현하기만 하면 면접관의 눈에 금방 들고 확신도 줄 수 있는 것이다.

● **진정한 나의 열정을 제대로 보여줘라**

무슨 일이 있어도 끝까지 당당함을 잃지 않는 자세가 중요하다. '정말로 이 회사가 아니면 내 능력을 마음껏 발휘할 수 없다', '나를 뽑지 않으면 이 회사는 절대로 성장할 수 없다'는 마음가짐을 갖고 있다면 어떤 압박이 들어와도 당당할 수 있다. 그렇지 않으면 다음과 같은 상황이 발생할 수밖에 없다.

- 홍길동: 저는 꼭 귀사에서 인재로 성장하고 싶습니다.
- 면접관: (속으로 '정말인지 확인해봐야지' 하고 생각하며 압박을 한다) 에이, 그 말을 어떻게 믿어요? 아무리 생각해도 우리 회사랑 잘 안 맞는 것 같은데…….
- 홍길동: (당황하며 갑자기 얼굴색이 변한다) …….

면접관은 홍길동을 보며 무슨 생각을 할까?

'뭐야, 겨우 이 정도로 저렇게 당황해? 자신이 없든지, 우리 회사에 확신이 없든지 둘 중 하나일 거야. 어쩌면 우리 회사 말고도 여러 군데에서 면접을 보면서 똑같은 이야기를 했을지도 몰라. 굳이 우리 회사에 들어오고 싶은 마음은 없어 보여. 스펙은 훌륭하지만 뽑지 말자.'

이와 같은 평가를 받지 않으려면 홍길동은 끝까지 당당하게 자신의 의지를 밝혀야 한다.

"아닙니다. 제가 너무 긴장한 탓에 말씀을 잘 못 드려서 그런 생각을 하셨는지는 모르겠습니다만, 저는 정말 이 회사에서 일하고 싶은 마음이 간절합니다. 기회를 주신다면 왜 이런 생각을 하는지 다시 한 번 말씀 드리고 싶습니다."

이렇게 이야기를 한다면 면접관이 홍길동을 다시 한 번 평가하게 될 것이다. 그러면서 면접관은 이렇게 생각할 것이다.

'오호. 호통을 쳐도 기죽지 않고 저렇게 당당하다니. 진짜 우리 회사에 입사하고 싶나 보군.'

가슴에 손을 얹고 생각했을 때 자신이 정말로 그 회사에 입사하고 싶은 열정이 있다면 면접관이 아무리 호통을 치고 압박을 해도 절대 기죽지 않고 자신의 의지를 표현할 수 있을 것이다. 끝까지 당당한 태도를 보이는 것이 중요하다.

● 아무리 어려운 질문이라도 끝까지 포기하지 마라

- 면접관: 서울에 바퀴벌레가 모두 몇 마리일까요?
- 홍길동: (전혀 예상치 못한 질문에 머릿속이 하얘진다) 아… 네… 그게… (약 10초의 침묵이 흐른다. 면접관의 눈을 볼 수 없다. 혹시 말을 잘못 꺼냈다가 창피라도 당할까봐 두렵다. 결국…) 죄송합니다. 잘 모르겠습니다.

누구나 다 이러한 질문에 당황하고, 머릿속이 하얗게 변할 수밖에 없다. 이럴 때에는 다음과 같이 말해야 한다.

"잠시만 생각할 시간을 주십시오. 어려운 질문이지만 꼭 답변하고 싶습니다."

그렇다. "잠시만 생각할 시간을 주십시오"라는 말 한마디가 지원자에 대한 평가를 달라지게 한다. 면접관은 이렇게 생각할 것이다.

'오호, 한 문제라도 포기하지 않으려 하다니. 저 적극성은 높게 사줘야 하겠어. 진짜로 우리 회사에 들어오고 싶어서 저렇게까지 하는구나.'

비록 잠시 생각한 후의 답변이 훌륭하지는 않았을지언정 홍길동은 '입사하고자 하는 열의' 면에서는 높은 점수를 얻을 수 있다.

● 단답형 답변은 금물이다

- 면접관: 존경하는 인물이 누군가요?
- 홍길동: 빌 게이츠입니다.
- 면접관: …….

홍길동은 당연히 자신의 대답 뒤에 '왜 존경하는지'에 대한 질문이 이어지기를 바랐다. 그렇다면 홍길동의 답변을 들은 면접관은 과연 "왜 존경하는가요?"라고 물어봤을까? 정답은 반반이다. 친절한 면접관이라면 물어봤겠지만, 그렇지 않은 면접관이라면 다음과 같이 생각할 수도 있다.

'뭐야, 성의 없이. 나의 질문에 한마디로 끝내버려? 당연히 왜 존경하는지도 이야기해야 하는 거 아니야?'

섣부른 기대가 홍길동을 위태롭게 만들었다. 홍길동은 앞으로 이렇게 대답해야 한다.

"빌 게이츠입니다. 왜냐하면……."

홍길동은 면접관의 앞에 앉아 있는 것 자체만으로도 엄청난 기회를 얻은 것이다. 그런데 홍길동에게 주어진 시간은 한정되어 있다. 어떻게 해서든지 반드시 합격하고자 하는 의지를 밝혀야 한다. 그러려면 주어지는 질문 하나하나에 적극적으로 온 힘을 기울여 답변해야 한다.

● 회사나 업무에 대한 질문을 준비하라

- 면접관: 혹시 회사나 업무에 대해 궁금한 것이 있으신가요?
- 홍길동: 궁금한 것 없습니다.

과연 면접관은 '궁금한 것이 하나도 없다'는 홍길동을 기특하게 여길까? 절대로 아니다.

'말도 안 돼, 궁금한 것이 없다니. 아마 우리 회사나 업무에 대해 별로 관심이 없어서 그럴 거야. 입사하고자 하는 열의가 느껴지지 않는군.'

홍길동은 회사나 업무에 대해 구체적인 질문 몇 개를 준비해서 기회가 주어졌을 때 반드시 질문해야 한다. 단, "신입사원의 월급은 얼마인가요?"와 같은 질문은 금물이다. 이 경우 '젊은 사람이 일보다 돈에 더 관심이 있군'과 같은 평가를 받을 수 있다는 점을 명심해야 한다.

● 면접이 끝났다고 바로 일어나지 마라

- 면접관: 수고하셨습니다. 이제 돌아가셔도 좋습니다.
- 홍길동: 네, 감사합니다.

홍길동은 잘했을까? 아니다. 다음과 같이 했어야 했다.

- 면접관: 수고하셨습니다. 이제 돌아가셔도 좋습니다.

- 홍길동: 마지막으로 한 말씀 더 드릴 기회를 주시겠습니까?(혹은 마지막으로 한 말씀만 더 드려도 되겠습니까?)

과연 면접장에서 자신이 하고 싶은 말을 100% 다 하고 나오는 사람이 몇이나 될까? 꼭 하고 싶은 말이 있었는데 면접관이 질문하지 않았다거나, 너무나도 긴장한 나머지 제대로 답변하지 못한 부분이 분명히 있을 것이다. 후회가 밀려오고, 아쉬움에 가슴이 무너져도 그대로 물러나고 말 것인가? 가라고 한다고 그냥 자리에서 일어날 것인가? 한 번이라도 더 기회를 얻어야 하지 않을까? 설령 시간 때문에 면접관이 허용하지 않는다고 하더라도, 마지막 발언 기회를 주지 못한 것에 대해 미안해하는 동시에 끝까지 포기하지 않으려는 모습을 보면서 입사하고자 하는 열정을 느낄 것이다.

8. 면접 보러 가기 전 컨디션 관리

서류전형에 합격했으니 면접전형에 오라는 전화를 받아본 적이 있는가? 혹은 지원한 기업의 홈페이지에서 서류전형 합격자 명단이 올라왔을 때, 자신의 수험번호나 이름이 올라와 있는 것을 본 적이 있는가? 이때의 설렘은 그 어떤 말로 표현을 할 수가 없다. 물론 최종합격 통보는 아니지만, 어쨌든 1차 관문을 통과했다는 소식은 분명히 기분 좋은 일이다.

그 설렘도 잠시 '아이고, 큰일이다. 이제 곧 면접인데'라는 생각에 가슴은 콩닥콩닥 뛰고, 잠도 잘 안 오는데 면접 일자는 금세 다가온다. 이제부터 요동치는 심장을 부여잡고 해야 할 일을 생각해보자.

가장 먼저 해야 할 일은 부모님과 친척, 친지, 친구들에게 비상사태임을 선포하고 모의 면접을 도와줄 우방을 찾는 것이다. 그냥 형식적으로 도와줄 사람이 아니라 본인의 일처럼 생각하고 적극적으로 도와줄 사람을 찾아야 한다. 든든한 후원군을 찾았으면 이 책의 앞에 나와 있는 내용을 중심으로 열심히 모의 면접을 준비하면 된다.

모의 면접만 준비하면 끝일까? 아니다. 모의 면접 준비까지 끝내면 나의 몸은 90% 정도 만들어진다. 이때부터 본격적인 컨디션 관리에 들어가야 한다. 몸만들기 10%를 채우는 방법에는 크게 여섯 가지가 있다.

● 입을 챙겨라 – 맛있는 음식으로 자기애 높이기

그동안 학과 공부하랴, 학원 다니랴, 아르바이트하랴, 취업 준비하랴 바빠서 제대로 챙겨 먹지도 못하고 때가 되면 가장 가까이에서 가장 빨리 먹을 수 있는 메뉴들만 먹었을 것이다. 이제 인생에서 가장 중요한 순간을 앞두고 있는 만큼 이렇게 해서는 안 된다. 자기를 아끼고 사랑할수록 몸의 컨디션은 좋아지고, 자신에 대해 긍정적으로 생각하게 되고, 자부심도 높아진다.

기업에서는 자신을 아끼고 사랑하는 사람을 좋아한다. 자신의 몸을 위해 아낌없이 투자해보라. 맛있는 음식을 찾아 과감히 떠나보라. 입이 즐거워지면 기분도 좋아지고, 자신감도 훨씬 올라갈 것이다. 매번 맛있는 음식만 먹을 수는 없겠지만, 되도록 평소에 먹고 싶었던 음식을 아끼지 말고 먹도록 한다. 소문을 듣고 먼 곳까지 찾아가서 먹는 것도 좋다.

● 귀를 챙겨라 – 심리적 안정을 주는 음악 듣기

면접 날짜가 다가올수록 초조해지기 마련이다. 이럴 때일수록 심리적인 안정을 찾는 것이 좋다. 스트레스를 없애기 위함이 아니라면 강렬한 비트의 록이나 댄스음악은 심리적인 안정 측면에서는 권하고 싶지 않다. 고전음악을 주로 듣는 것이 좋고, 명상음악도 괜찮다. 추천하는 고전음악으로는 모차르트의 〈피아노 협주곡 21번 2악장〉, 헨델의 〈사라방드〉, 바흐의 〈G선상의 아리아〉, 슈베르트의 〈숭어〉, 베토벤의 〈비창〉과 〈월광〉 등이 있다.

● 눈을 챙겨라 – 문화생활이나 여행으로 좋은 구경하기

면접장에 들어가 보면 예상치 못한 질문들이 쏟아지기 때문에 순발력이 필요하다. 압박 질문에 주눅이 들지 않으려면 긍정적인 마인드와 사고의 유연성도 필요하다. 또한 창의성, 융통성, 재치 등을 평가하기 위한 질문들에 대한 대비도 필요하다. 사실 이러한 역량들은 단기간에 키울 수가 없다. 타고나는 부분도 있고, 살아오면서 노력으로 얻어지는 부분도 있고, 자연스럽게 쌓인 부분도 있다. 면접을 며칠 앞둔 시점에서 단기간의 노력으로 이러한 역량들을 키우기란 거의 불가능하다. 그렇지만 눈을 즐겁게 해주면 기분이 좋아지고, 유머 감각도 커지게 된다. 이 덕분에 자신감도 높아지고, 여유와 긍정적인 마인드까지 생길 수 있다. 눈을 즐겁게 해주려면 코미디 프로나 재미있는 영화, 감동적인 뮤지컬, 전시회, 경치 좋은 곳 등을 찾아가면 된다. 다만 공포영화나 잔인한 영화는 면접을 앞둔 사람에게 도움이 될 일이 하나도 없다.

● 몸을 챙겨라 – 잘 먹고 잘 쉬기

무엇보다 몸의 컨디션이 좋아야 한다. 잠을 푹 자고, 제때 맛있는 음식을 먹도록 한다. 과도한 음주나 흡연은 금물이고, 반신욕을 해보는 것도 괜찮다. 날씨 좋은 날에는 밖에 나가서 자전거나 인라인스케이트를 즐기는 것도 좋고, 사람들과 좋아하는 운동경기를 즐기는 것도 좋다. 경제적인 여유가 있으면 마사지도 받아보자.

● 마음을 챙겨라 – 즐거운 시간 보내기

무엇보다 마음이 즐겁고 편해야 한다. 앞의 네 가지는 결국 마음을 편하게 하기 위한 준비단계다. 이 밖에도 친구들과 재미있게 수다 떨기, 노래방에서 한바탕 즐겁게 놀기, 기억에 남을 만한 데이트하기, 쇼핑하기, 등산 가서 크게 "야호!" 외치기, 자원봉사하기 등도 좋은 방법이다.

● 지원한 기업을 챙겨라 – 정보 파악하기

반드시 면접장에 미리 가보도록 한다. 대중교통을 이용하여 여유 있는 시간에 도착할 수 있도록 해야 한다. 지원한 기업에 대해 공부하는 것은 필수다. CEO 이름, 재무제표, 최근 기사, 주가 상황, CF, 주력 제품, 경쟁사 및 경쟁사제품 등은 필수적으로 알고 있어야 한다.

면접관의 처지에서 생각하자!

면접에서 합격률을 높이기 위해서는 철저하게 기업의 처지에서, 특히 면접관의 처지에서 사고하는 능력을 키워야 한다. 그러기 위해서는 다음의 사항들에 유의해서 답변해야 한다.

1. 기존의 직원들과 잘 융화할 수 있는 성격인가?

전국에 있는 대학들을 다니면서 취업컨설팅을 할 때 심심찮게 듣는 질문이 있다. "저는 이번에 대기업 면접에서 말도 조리 있게 하고 막힘없이 답변을 잘했습니다. 그런데 결과는 불합격입니다. 왜 그런지 알 수 없어 답답합니다"라는 것이다. 물론 이 질문에 대한 답은 여러 가지가 있을 것이다. 본인보다 더 훌륭한 지원자가 있었다거나, 혹은 자격요건이 남자였다거나 등등. 하지만 가장 큰 이유는 면접관의 생각에 이 사람을 뽑아서 현업에 배치시켰을 때 기존의 직원들과 잘 융화할 수 없을 것이라고 판단해서일 것이다.

필자는 대기업에서 인사업무를 약 18년간 하였고, 인사팀장으로서도 10년 이상을 일했다. 면접 때 정말 똑 부러지게 답변도 잘하고 스펙도 우수한 지원자 중에 자기주장이 다소 강하고 본인의 의견을 굽힐 줄 모르는 성향을 보여 고심 끝에 불합격시킨 사례가 다수 있었다. 기업에서는 이러한 점을 좀 더 심층적으로 파악하기 위해 인성 면접뿐만 아니라 토론 면접 시에도 상대방의 의견을 잘 경청하고 배려하는지를 유심히 관찰한다.

2. 조직에 활력을 불어넣을 수 있는 창의성을 가지고 있는가?

특히 多:多 면접에서는 동일한 질문에 답변하게 함으로써 어느 지원자가 좀 더 창의적인 답변을 하는지 관찰한다. 창의적이라 하면 너무 어렵게 생각을 하는데 다음의 예를 살펴보자.

면접관이 A4 용지에 지름 약 3cm의 검은색 원을 칠해놓고 뭐가 보이냐고 질문을 하면 대다수의 학생들은 "블랙홀 같아 보입니다", "검은색 당구공이 보입니다", "큰 점이요" 등등의 답을 한다. 왜 모두 A4 용지 안에 그려져 있는 검은색 원에만 집중하는가? A4 용지 안에는 원보다 더 많은 흰색의 여백이 있다. 그것을 보아야 한다. 더 창의적으로 생각한다면 A4 용지의 뒷면 또는 A4 용지 바깥의 사물을 보아야 한다.

결론적으로 창의성이란 남들이 생각하지 못하는 면을 볼 줄 아는 능력이다. 이를 위해 평상시에 항상 "왜?"라는 의문을 가지고, 사물을 볼 때 눈에 보이는 것 이외의 것에도 관심을 갖는 훈련을 끊임없이 해야 한다.

3. 열정을 가지고 오래 근무할 수 있겠는가?

대기업에서 채용을 진행할 때 발생하는 비용은 채용공고 비용(인터넷 · 신문),

면접 비용, 인적성검사 비용 등 1인당 평균 적게는 100만 원에서 많게는 수백만 원 정도 든다. 또한 채용 후 1명에게 1년간 지출되는 비용은 급여, 책상, 의자, PC, 복리후생 비용 등을 포함하여 수천 만 원에 이른다. 이 기간 동안 입사자들은 업무를 파악하기에 급급해 특별한 성과를 내기가 쉽지 않다.

기업은 최소 3년 후부터 어느 정도의 성과를 기대하며 많은 돈을 투자하여 인재를 훈련시킨다. 그런데 1년도 안 되어서 퇴사를 한다면 어떨까?

기업은 이윤추구를 최대의 목적으로 설립된 곳이다. 아무리 똑똑하고 최상의 인재라고 할지라도 금방 그만둘 것 같은 지원자는 절대로 채용하지 않는다. 따라서 면접에서 강조해야 할 중요사항은 열정을 가지고 오래 근무할 수 있다는 것을 확실하게 면접관에게 인식시키는 것이다.

4. 회사에 성과(이익)를 낼 수 있는 잠재적 역량을 갖추고 있는가?

마지막으로 면접관이 판단하기에 향후 회사에 성과(이익)를 낼 수 있는 자질과 역량을 갖추고 있는지를 관찰한다. 이를 판단하는 기준은 크게 네 가지가 있다.

첫째, 도전정신을 가지고 끊임없이 적극적으로 도전하는가?

둘째, 타인과 차별화된 창의성을 가지고 있는가?

셋째, 열정과 패기를 가지고 행동하는가?

넷째, 글로벌 마인드를 가지고 있는가?

이상의 요건들은 30대 기업의 공통적인 인재상이기도 하며, 필자가 현업에 있을 때 면접 시 가장 중요하게 생각했던 사항이기도 하다. 특히 면접답변 시 구체적인 경험을 근거로 제시하면서 이에 대한 성과를 이야기하는 것이 입사 후에도 그대로 이어진다고 판단하게 되므로 반드시 성과를 언급하는 것이 필요하다.

뽑고 싶어 안달 나게 하는
면접자는?

1. 진솔함과 간절함이 있어야 한다

면접관이 가장 뽑고 싶어 하는 사람은 진솔함과 간절함을 가진 면접자다. 말 그대로 진정성이 느껴져야 한다.

지원기업에서 떨어지면 다른 기업에 지원하고, 또 다른 기업에서 떨어지면 또 다른 기업에 지원하는 식으로 아무 생각 없이 특별한 준비도 하지 않은 채 면접에 응시한다면 백전백패를 면할 수 없다. 지원기업에 진정으로 입사하고 싶다는 강한 의지를 내보이고 입사 후의 포부도 구체적으로 제시하여 면접관에게 진정성을 인정받아야 한다.

2. 자신감으로 무장해야 한다

소극적이며 자신감이 없어 보인다면 면접에서 합격할 수 있을까? 면접관과의 첫 대면에서 큰 목소리로 "안녕하십니까?"를 소리쳐 본다면 어떨까?

취업준비생들에게 면접컨설팅을 하면서 "큰소리로 인사를 하면 너무 튀지 않을까요?", "너무 큰 목소리로 인사하면 면접관이 싫어하지 않을까요?" 등등의 질문을 종종 듣는다. 절대 그렇지 않다. 작은 목소리로 그냥 평범하게 인사하기 보다는 다소 지나칠 정도로 큰 목소리로 인사하는 것이 훨씬 더 좋다. 목소리의 크기는 곧 자신감인 것이다.

일례로 최근 면접컨설팅을 하고 KCC그룹에 지원한 서울 유명여대생의 면접후기를 들어보면, 큰 목소리로 인사를 하자 면접관이 웃으면서 씩씩하다고 칭찬을 해주었고 이후 아주 좋은 분위기에서 면접이 진행되었다고 한다.

인사부터 큰 목소리로 하고 답변할 때도 큰 목소리를 끝까지 유지하며 자신 있는 표정으로 적극적으로 대답해야 한다.

3. 면접관과 소통해야 한다

면접은 소개팅과 같다. 대학 시절 누구나 한 번쯤 소개팅을 해보았을 것이다. 소개팅에 나가서 상대방과 마주하고 대화를 나눌 때 어떤 점이 가장 끌리는가? 사람마다 다소 차이는 있겠지만 대화가 통하고 진심이 보이는 사람과 한층 더 가까워진다.

면접도 마찬가지다. 면접관과 소통해야 한다. 시선도 자주 마주치고 가끔은 웃음 지을 수 있는 유머러스한 답변도 필요하다. 면접관의 압박 질문에도 여유를 가지고, 인정할 것은 인정하고 정성을 다해 성의 있게 대답한다면 더욱더 원활한 소통이 이루어질 것이다.

4. 솔직하고 성의 있게 답변해야 한다

필자는 대기업 인사팀장으로 10년 이상 일하면서 수없이 많은 면접을 진행

했었다. 다른 기업의 면접관들 역시 일정 직급(주로 차·부장급 이상) 이상의 인원들로 구성되어 있다. 면접을 진행하다 보면 면접자들의 눈빛과 표정만 봐도 진실을 이야기하는지 거짓을 말하는지 단번에 알 수 있다. 이는 오랜 경험에서 나오는 것이다.

거짓을 이야기할 때에는 자신도 모르게 눈동자가 미세하게 움직이며, 몸도 움찔하고 얼굴색도 변한다. 실례로 필자가 유아동 의류 및 용품 유통업체인 '해피랜드'의 인사팀장으로 일하던 시절 면접을 진행할 때 한 지원자가 동종업계에서 수개월간 인턴경험을 했다고 답변했다. 그런데 사실 확인을 위하여 추가 질문을 던지자 목소리의 미세한 떨림과 함께 당황하고 있는 것이 느껴졌다. 추가 질문이 계속 이어지자 이내 면접자는 얼굴이 빨개지며 답변을 하지 못했다. 다음 지원자에게 질문을 하려고 하자 이 지원자는 갑자기 손을 들며 화장실이 급하다고 했고 면접 중이지만 화장실에 갈 수 있도록 조치했다. 결국 그 지원자는 면접이 모두 끝날 때까지 면접장으로 들어오지 않았다. 실제로 경험했던 사례를 조금 포장하는 것은 모르겠지만, 없는 내용을 지어서 답변하는 것은 상당히 위험한 행동이므로 이런 일은 절대로 없어야겠다.

압박 면접의 경우 대부분의 면접자들은 가슴이 쿵쾅거리며 눈앞이 하얘지는 경험을 하게 된다. "왜 이렇게 학점이 낮아요?", "그래서 결론이 뭐예요?", "면접에서 떨어질 것 같은데요" 등의 압박을 통해 면접관은 면접자들이 어떻게 반응하는지 그 태도를 보는 것이다. 따라서 최대한 여유를 가지고 태연하게, 그리고 성의 있게 답변을 해야 한다.

짧게 단답형으로 끝나는 답변은 성의가 없어 보여 뽑고 싶은 마음이 생기지 않는다. 진심으로 성의를 다해야 좋은 결과를 가져올 수 있다.

5. 모든 질문에 최대한 구체적인 경험을 근거로 답변해야 한다

포괄적인 답변은 면접관에게 신뢰를 줄 수 없다. 최대한 구체적으로 답변을 하되, 실제 경험을 바탕으로 근거를 제시해주어야 한다.

예를 들어 "성격의 장점은 무엇입니까?"라는 질문에 "제 성격의 장점은 도전 정신이 강하다는 것입니다. 매사에 도전을 즐기며 끝까지 책임을 완수합니다"라 는 식의 포괄적인 답변을 하기보다는, "제 성격의 장점은 도전정신이 강하다는 것입니다. 대학교 3학년 시절 42.195km 마라톤 풀코스에 도전한 경험이 있습 니다"라는 답변과 함께 이 경험에 대한 성과까지 이야기하고 이러한 도전정신 을 바탕으로 지원직무에 어떻게 기여하겠다고 마무리하는 것이 훨씬 더 효과적 이다. 면접관은 면접자가 구체적인 경험을 근거로 답변을 하면 실제 입사 후에 도 그렇게 행동할 가능성이 크다고 판단한다.

면접 전
필수 준비사항

1. 면접시간 최소 30분 전에는 면접장소에 도착해야 한다

면접시간 전에 미리 도착하는 것은 면접을 보는 회사에 대한 예의다. 최소한 면접시간 30분 전에는 면접장소에 도착해야 한다. 현업에 재직 당시 인사팀장으로서 수없이 많은 면접을 보았지만 단 한 번도 지각한 지원자를 뽑은 사례는 없었다.

교통사고 등의 특별한 경우가 아닌 이상 절대 지각해서는 안 되며 사고 발생 시에는 인사담당자에게 현재의 상황을 솔직하게 이야기하고 정중하게 시간변경에 대한 요청을 해야 한다. 입사 후에도 시간관리를 철저히 하여 신뢰감을 주는 것은 직장인의 기본임을 잊지 말아야 한다.

2. 면접 대기장소에서 행동을 조심하자!

면접 대기장소에 도착하면 흔히 멀뚱하게 서서 팔짱을 끼고 창밖을 본다거나 다리를 꼬고 의자에 앉아, 그것도 편안하게 눕다시피 등을 기대고 신문을 보는 지원자를 종종 보곤 했다. 과연 이 같은 행동은 어떨까?

현업에서 인사팀장을 하면서 필자는 반드시 면접시간 10분 전에 인사팀 직원에게 면접대기 장소를 방문하여 인원체크 및 면접대기자가 어떤 행동을 하고 있는지 보고 올 것을 지시했다. 앞서 언급한 행동을 했던 대기자에 대한 보고를 받은 후에는 면접평가표 양식에 이를 표시하였고, 이 지원자에 대해서는 면접 때 다른 지원자보다 압박 질문을 더 집중적으로 했다. 결국 면접 대기장소에서의 행동이 실제 면접에도 영향을 미치는 것이다.

차분하게 자리에 앉아 자기소개서를 다시 한 번 훑어보거나 그동안 면접을 위해 준비했던 회사 또는 직무와 관련된 자료들을 읽어보는 것이 면접 대기장소의 가장 좋은 행동이다.

3. 지원회사의 지점이나 매장을 반드시 방문하라!

면접 때 면접관과 쉽게 소통할 수 있는 방법 중 하나가 지원회사의 지점 및 매장 방문에 관한 이야기를 하는 것이다. 실제로 수도권 모 대학의 여학생을 컨설팅을 통하여 한국전력공사의 인사팀에 정규직으로 합격시킨 사례가 있다.

1명을 뽑는 최종 임원 면접에서 5명의 후보자 중 남학생이 4명, 그리고 이 여학생 1명, 말 그대로 합격 확률이 극히 낮은 상황이었다. 후보자와 머리를 맞대고 고민한 끝에 면접 때 절실함을 어필하고자 삼성동에 있는 한국전력공사 본사를 방문하여 주변을 둘러보았다. 문득 건물 주변을 돌면서 발걸음 횟수를 재어보면 어떨까 하는 생각에 수를 세면서 걸어본 결과 362걸음이 나왔다. 우리는 "이거다!"라고 서로 마주보며 '365걸음 = 365일'의 공식을 만들었다.

임원 면접 시 "마지막으로 하실 말씀 있으신 분 말씀해 주세요."라는 말에

"한전에 정말 입사하고픈 마음에 며칠 전 한전 본사를 방문하였지만 사무실에 들어갈 수 없어 주변을 둘러보며 발걸음을 재어보았더니 365걸음이 나왔습니다. 365일 동안 하루도 쉬지 않고 평생 한전을 위해서 헌신하는 직원이 되겠습니다"라고 자신 있게 답변했다.

결과는 어땠을까? 그렇다. 남학생 4명을 모두 제치고 당당하게 합격했다.

자기소개서 작성 전이나 면접 전에 반드시 지원기업의 지점, 매장, 본사 등을 방문하여 느낀 점과 향후 개선점 등을 파악해놓으면 더욱 효과적이다. 제조회사라면 해당 제품을 구매하여 사용해보고 개선점을 찾아보는 것도 꼭 실행해보기 바란다.

Chapter 2

면접답변
사례

당신은 누구입니까?

왜 그 일이 하고 싶습니까?

당신은 어떤 경험을 했습니까?

왜 우리 회사에 지원했습니까?

우리 회사에서 어떤 사람으로 성장하고 싶은가요?

서울에 바퀴벌레가 몇 마리 있을까요?

사회의 흐름을 잘 알고 있나요?

당신은 어떤 여성입니까?

그게 말이 되나요?

마지막으로 할 말이 있나요?

당신은 누구입니까?

　여기서는 모든 면접의 기본이 되는 '지원자 개인에 대한 질문'을 살펴보자. 지원자 개인에 대한 질문은 주로 지원서와 자기소개서에 나와 있는 내용을 중심으로 한다. 이러한 질문에 대한 모범답안은 바로 자기 자신이다.

　'나에 대해 나만큼 잘 아는 사람이 어디 있겠어? 아주 쉽겠네. 묻는 말에만 잘 답변하면 되니까…'라고 생각하는 사람도 있을지 모르겠다. 그러나 개인 신상에 대한 질문 역시 결코 만만하게 넘어가서는 안 된다. 그 이유는 크게 두 가지로 나누어볼 수 있다.

　첫째, 우리는 뜻밖에 자기 자신에 대해 잘 모르는 부분이 많기 때문이다. 다른 사람에 대해서는 금방 파악하고 객관적으로 평가하기도 하지만 자신에 대해 객관적으로 파악하기는 생각보다 쉽지 않다.

　둘째, 면접관이 쉽게 답변할 수 있도록 내버려두지 않기 때문이다. 면접관은 많은 지원자들이 자기 자신에 대해 거짓으로 말을 하거나, 장점을 과대 포장하거나, 단점을 감추려 한다는 사실을 잘 알고 있다. 이러한 이유로 일부러 압박을 하기도 하고, 스트레스를 주기도 한다.

X   면접관: 당신의 장점은 무엇입니까?

홍길동: 저의 장점은 최고의 대학에서 우수한 성적으로 마케팅을 전공했다는 것, 능통한 외국어 실력, 그리고 다양한 경험입니다.

TIP 입사하고자 하는 열의가 전혀 느껴지지 않는 답변이다. 이러한 답변에 좀 더 상세하게 설명해보라고 말할 정도로 여유 있고 친절한 면접관은 별로 없다. 상세하게 설명하라는 주문이 없어도 적극적으로 설명하라. 그래야 입사하고자 하는 열정을 느낄 수 있다. 또한 스펙만을 강조하기보다는 역량을 강조하고, 그 근거로서 과거의 성취 경험을 말해야 한다. 역량 평가의 핵심 전제가 '과거에 성취를 낸 사람은 미래에도 성취를 낼 가능성이 크다'라는 것을 잊지 말자.

O   면접관: 당신의 장점은 무엇입니까?

홍길동: 제 성격의 장점은 포기하지 않는 도전정신입니다. 2012년 12월 10일부터 5개월간 삼성출판사 편집인턴으로 일하며 유한킴벌리, LG전자, 코엑스, 서울대공원의 대기업과 6개의 중견제조기업에 사은품프로모션을 제안하여 협찬을 받아냈습니다. 무상 조건이라 처음에는 계속 거절을 당했습니다. 하지만 저는 포기하지 않았고, 마케터에게 필요한 커뮤니케이션 능력을 키울 수 있는 절호의 기회라고 생각하며 요청 멘트를 적고 수차례 수정하여 도전한 결과 7개 기업으로부터 제안 수락을 받아냈습니다. 회사에 크게 기여하는 유능한 마케터로 성장하기까지 수많은 실패가 있을 것입니다. 하

지만 저는 언제나 실패를 더 큰 성장을 위한 디딤돌로 삼고, 할 수 있다는 신념으로 새로운 목표를 향해 끊임없이 도전하겠습니다.

자신에 대해 제대로 파악을 하려면 어떻게 해야 할까? 필자가 항상 강조하는 바이지만 '나를 찾아 떠나는 여행'을 다녀와야 한다. 며칠간의 여행도 좋고, 시간을 내기가 어려우면 단 하루를 다녀와도 좋다. 반드시 자신에 대해 공부하는 시간을 가져보아야 한다. 되도록 휴대전화도 꺼놓고, 인터넷이 안 되는 곳이라면 더욱더 좋다. 인생의 가장 큰 전환점에서 자신을 되돌아보는 이 정도의 투자도 하지 않고서 어떻게 새로운 삶을 제대로 시작할 수 있겠는가.

■ 나를 찾아 떠나는 여행에서 반드시 점검해보아야 할 항목

• 내가 좋아하는 것은 무엇일까?
• 내가 싫어하는 것은 무엇일까?
• 나의 삶에 가장 큰 영향을 준 사람은 누구일까?
• 내가 부모님에게서 배운 것은 무엇일까?
• 내가 선생님에게서 배운 것은 무엇일까?
• 나에게 가장 소중한 것은 무엇일까?
• 나에게 가장 소중한 사람은 누구일까?
• 살면서 가장 행복했던 순간은 언제였을까?

- 살면서 가장 슬펐던 때는 언제였을까?

- 살면서 가장 힘들었던 때는 언제였을까?

- 슬프고, 힘든 순간은 어떻게 극복하였을까?

- 나는 왜 취업하려 하는가?

- 나는 왜 대기업(또는 중소기업)에 입사하려 하는가?

- 나는 다른 업무도 아니고 왜 이 업무를 희망하는가?

- 나의 강점은 무엇인가?

- 나의 약점은 무엇인가?

● 1분간 자기소개를 해주세요

1) 평소 위험이 따르더라도 독특한 모험을 좋아하는 지원자 OOO입니다.

2012년 가을 2개월간 유럽 배낭여행을 떠날 때도 조금은 독특한 방법을 선택하였습니다. 여행을 떠나기 전, '인터팔'이라는 펜팔사이트에 가입해서 유럽 각지에 사는 친구들과 3개월 동안 일주일에 2~3번씩 메일을 주고받으며 친분을 쌓았고, 여행의 대부분을 그 친구들의 집에서 머무르며 생활했습니다.

자칫 위험할 수도 있는 모험이었지만, 남들이 쉽게 시도하지 못하는 일을 한다는 생각에 매일 가슴 뿌듯함을 느낄 수 있었습니다. 또한 현지 친구들과 바닷가로 캠핑을 가거나 함께 여행을 다니면서 세상 누구와도 친해질 수 있다는 '자신감'과 '친화력'을 얻었습니다. 해외공장 기술교육에서도 현지 직원들과의 친화력으로 현대자동차의 고품질 신차 양산에 이바지하겠습니다.

2) 고객과 소통하며 만족을 극대화하겠습니다. 지원자 OOO입니다.

2010년 JA Korea 봉사단에서 초등학교 학생들에게 경제수업을 하였습니다. 수업 중 유난히 수업을 방해하는 아이가 있었습니다. 저는 그 아이가 수업에 참여할 수 있도록 발표를 시켰습니다. 그러자 아이가 하는 말이 "선생님은 제 이름도 모르시잖아요?"였습니다. 그 순간 저는 제 실수를 인정했습니다. 관심과 소통의 부재가 누군가에게 상처일지도 모른다는 것을 놓쳤던 것입니다. 저는 그날 담임선생님께 출석부를 빌려 모든 아이의 이름을 외웠습니다. 그리고 다음 수업에 그 아이의 이름을 부르며 마음으로 다가가 신뢰를 얻고, 원만한 수업을 진행할 수 있었습니다.

그 후 독서 토론동아리에 참여하며 소통능력을 키웠고, 처음 보는 사람과도 편안하게 대화할 수 있는 능력을 갖게 되었습니다. 이러한 저의 '소통능력'과 '누구도 상처받지 않게 하겠다'는 마인드로, KDB대우증권 고객과 적극적으로 소통하며 만족을 극대화하겠습니다.

3) 삼성증권에서 한마음 팀워크를 바탕으로 효율을 극대화하겠습니다. 지원자 OOO입니다.

금융아카데미에 참여하여 금융신상품을 만드는 팀미션을 수행한 적 있습니다. 2박 3일이라는 짧은 시간이었기에 처음 보는 팀원들은 서먹했고 적극적인 참여를 기대하기 어려웠습니다. 저는 팀원들의 적극적인 참여를 유도하기 위해 능동적인 팔로어로서 팀장에게 제안을 하였습니다. 첫째, 상품 토론시간 외에 모임 시간을 따로 만들어 친목을 도모하고 자유롭게 아이디어를 공유할 수 있는 분위기를 만들자는 것. 둘째, 명찰에 각자의 역할을 적어 책임감을 키우자는 것이었습니다. 팀장은 이를 수용하였고, 저희 팀은 〈데이트 통장〉이라는 커플이 함께 사용하는 상품을 만들어 우수상을 수상하였습니다.

저는 팀에 대한 주인의식으로 팀워크를 이끌어냈고 긍정적인 성과를 만들어냈습니다. 이제는 삼성증권의 팀원들과 '한마음'이 되어 팀의 효율을 높이겠습니다.

4) '신뢰'란 단어를 중요시하는 지원자 OOO입니다.

2009년, 학과의 가장 큰 행사인 안동답사를 기획하고 계획하는 '답사준비위원회'에서 총무직을 맡았습니다. 답사를 준비하고 계획하는 과정에서 사전 계약을 통해 절감된 금액으로 답사준비위원회 학생들만 78,000원 상당의 고가 단체 티를 맞춰 입는 관행에 대해 알게 되었습니다. 이는 답사준비위원들과 나머지 참가자들 사이의 신뢰가 깨지는 행동이었기에 옳지 못하다고 생각했고, 관행을 고수하는 준비위원 학우들을 설득했습니다.

매번 회의 때마다 끊임없이 설득한 후 투명하게 예산을 공개하고, 남은 예산으로 모든 참가자 전원을 위한 휴대용 머그컵을 제작하였습니다. 학과 이름이 새겨진 7,800원의 휴대용 머그컵은 모든 학우들에게 돌아갔습니다. 이렇듯 옳지 못한 관행을 철폐하고 정직함으로 준비한 답사는 많은 학우들에게 좋은 추억이 되었습니다.

DHL이 지금의 명성을 얻을 수 있었던 요인은 고객과의 신뢰였다고 생각합니다. 정해진 시간에, 약속된 장소에 도착한다는 믿음이 있었기에 고객들은 DHL의 세 글자를 신뢰할 수 있었습니다. 저는 DHL 항공 수출부 업무에서 고객과의 신뢰를 최우선으로 하여 고객들께 믿음을 주는 사원이 되겠습니다.

5) 경청은 협력의 시너지효과를 위해 반드시 필요합니다. 지원자 OOO입니다.

2012년 지난 학기에 '드라마 속 인생경험'이라는 교양과목에서 '결혼 프로젝트'를 진행했습니다. '가상 결혼식 진행', '현재 결혼식 세태 비판', '작은 결혼식 기획' 등 서로의 주장만 고집하느라 3주 동안 진행이 안 되었고 더는 지체할 수 없었기에 팀장인 제가 경청을 제안했습니다. 의견을 하나씩 자세히 들은 후 좋은 점과 나쁜 점을 토의하고, 장점만을 모아 '결혼식-남녀탐구생활'이란 결과물을 발표하자 기발한 아이디어라는 평과 함께 A+ 학점을 받을 수 있었습니다.

연구 장학생을 거쳐 입사 후 회의를 진행하다가 의견마찰이 있을 때, 생활신조 '경청'을 바탕으로 윤활제가 되어 협력의 시너지효과를 발휘할 수 있는 밑바탕이 되겠습니다.

6) 사우나식 대화능력을 십분 발휘하겠습니다. 지원자 OOO입니다.

핀란드 가정은 매일 사우나를 즐깁니다. 가족 모두 옷을 벗고 들어가 자신을 내보이기에 더욱 솔직한 대화를 나눌 수 있습니다.

2007년 대학교 1학년 시절부터 복학 후 2011년 3학년까지 '경제연구회'라는 학회 활동을 한 경험이 있습니다. 동등한 입장에서 상대의 의견을 중시하던 습관으로 인해 학회원 사이에서 선후배라는 관계보다 부담 없이 서로의 고민도 공유할 수 있는 학회 내 상담사라고 통했습니다.

"Communication is KING"이라는 말도 있습니다. 인턴십 수행 시 가격협상, 판매전략 수립, 고객응대 등을 하며 수많은 의사결정 과정을 접할 것입니다. 이때 저는 사우나식 대화능력을 십분 활용한, 모두가 공감하고 만족할 수 있는 결과로써 현지기업의 경쟁력을 끌어올리겠습니다.

7) 타 문화를 이해하고 수용하는 능력을 갖춘 글로벌 리더, 지원자 OOO입니다.

약 5개월간 영국에서 어학연수를 하던 시절 쿠웨이트에서 온 반 친구가 있었습니다. 자주 지각하고 약속시각을 잘 지키지 않던 그 친구에 대한 처음 이미지는 좋지 않았습니다. 이러한 이야기를 당시 저의 홈스테이 가족에게 하였더니 아랍권 문화에 관해 이야기해주셨습니다. 아랍인들은 시간을 지키는 데 있어 익숙하지가 않은데 그것은 그들의 문화적 특성에 기인한 것이니 이해할 필요가 있다는 것이었습니다. 그 후로는 새로운 친구를 만날 시 대화 도중에 상대방의 문화적 몸짓을 쓴다든가, 그 나라의 전통 음식을 같이 먹으며 상대방의 문화를 이해하고 수용하기 위한 노력을 하였습니다. 이러한 상대방에 대한 이해는 비단 외국인에게만 국한되는 것이 아니므로 영업관리자로서 업무를 수행해 나감에 있어서도 팀원들을 이해하고 배려하는 팀워크를 발휘하겠습니다.

8) 세상의 모든 일은 동료와의 협력이 이루어질 때 시너지효과를 발휘합니다. 지원자 OOO입니다.

2012년 여름, 해피무브 해외봉사단으로서 2주 동안 베트남에서 건축봉사와 문화공연을 했습니다. 저희 팀은 〈각설이 타령〉 노래에 맞춰 익살스러운 안무를 만들고, '셔플', 몸개그 등 다양한 퍼포먼스를 준비했습니다. 연습시간이 부족해서 팀원들과 서로 의지하고 협력하며, 매일 하루에 7시간씩 4시간만 자며 연습했습니다. 그렇게 공연 날이 됐고, '각설이' 공연은 관객 모두에게 기립박수를 받으며 성공적으로 끝났습니다. 서로 간의 믿음과 협력이 없었더라면 불가능했을 것으로 생각합니다. 이제는 파이롯트 부서에서 팀원들과 서로 협력하여 신차의 품질 개선을 위한 피드백이 원활히 이루어질 수 있도록 기여하겠습니다.

9) 신용과 의리로 똘똘 뭉친 지원자 OOO입니다.

대학교 2학년 때 1년 동안 KB국민은행 대학생 홍보대사를 한 경험이 있습니다. 10명의 팀원이 매달마다 아이디어를 내서 홍보활동을 정하고 각자가 맡은 역할을 수행했습니다. 대부분의 팀원이 그달의 최우수팀이 되기 위하여 노력하였지만 간혹 한두 명의 팀원이 자신이 맡은 역할을 약속된 시간까지 수행하지 않거나 완벽하게 수행하지 않아 그달의 활동평가에서 하위권에 들었습니다. 그 후 팀원들은 더 의욕을 상실하여 자신의 맡은 일에 최선을 다하지 않았고 그 결과 그다음 달 활동평가에서는 최하위를 한 적이 있습니다. 이에 심각성을 깨달은 저희 팀은 역할에 신용과 의리를 견고히 하기 위해 수시로 진행상황을 보고하고 자신이 잘 아는 분야는 서로 조언을 해주며 이번이 마지막 활동이라는 마음가짐으로 활동에 임하였습니다. 결과 그달의 최우수팀에 선정될 수 있었습니다. 이러한 경험을 통하여 팀원들과의 신용과 의리가 결국 팀의 활동에 큰 영향을 미치고 좋은 신용과 의리를 갖춘 팀이 시너지 효과를 낼 수 있다는 것을 깨달았습니다.

10) 유연한 사고와 적극적인 추진력을 가진 지원자 OOO입니다.

대학교 교내 동아리의 회장으로 2년간 일하며 조직이 직면한 갈등을 해결한 경험이 있습니다. 2008년 1학기, 동기들과 교내 축제, 학술제 개회, 홈커밍데이 등 3가지의 행사를 기획했습니다. 하지만 중간고사 공부를 해야 한다는 신입생들과 의견이 충돌했습니다. 예기치 못한 상황으로 동기들은 계획한 일들을 다음 학기로 미루길 원했습니다. 하지만 저는 계획한 일들을 진행하고자 효과적으로 협업할 수 있는 방안을 강구했습니다. 각자 시간표를 바탕으로 시험 일정과 수업 시간을 고려하여 역할을 분담했습니다. 또 선후배와 함께 시험 출제 방향 등을 이야기할 수 있는 공부시간을 마련했습니다. 그 결과 선후배간의 관계 개선뿐만 아니라 계획한 일정들을 모두 소화하는 성과를 낼 수 있었습니다.

저는 조직의 리더로서 당면한 문제를 유연하게 해결하는 자세를 터득할 수 있었으며, 추진력을 바탕으로 일을 진행한다면 만족할 만한 결과를 얻을 수 있다는 것을 깨달았습니다.

● **가족 소개를 해주세요**

우선 저희 가정의 CEO라 할 수 있는 아버님께서는 가족 모두가 책임감 있는 구성원으로 제 역할을 할 수 있도록 권한위임형의 개방적 리더십을 발휘하고 계시며, 현재 대기업 관리자로 있습니다. 집안의 지원부서본부장 역할을 하시는 어머님께서는 세심하시고 따뜻한 마음으로 가족의 행복을 두루 챙기시며 모두가 자기 자리에서 더욱 뛰어난 역량을 발휘할 수 있도록 희생을 아끼지 않는 분이십니다. 맏이인 저희 누나는 사회생활 6년 차의 커리어우먼으로서 능력과 매력을 겸비한 인생 선배이자, 롤모델이 되어주는 중간관리자이기도 합니다. 제가 OO기업에 입사하게 되면 더욱 책임감 있는 구성원이자 사회인으로서 생산적인 공동체로 거듭나는 계기가 될 것이라며 가족 모두의 기대가 큽니다.

● **부모님 자랑을 해보라**

저희 부모님께서는 재벌도, 고위 정치인도 아니십니다. 엄청난 사회적 성취를 이룬 유명인도 아니십니다. 하지만 시골의 가난한 집안에서 태어나셔서 성실한 사회인으로서 자리 잡으셨고 자식들의 교육과 미래를 위해서 인생을 다 바쳐오셨습니다. 제가 오늘 OO기업의 면접을 통과하고 합격을 하는 것을 큰 기쁨으로 여기시며 기다리고 계실 테지요. 세상은 소수의 영웅만 가지고 운영되지 않습니다. 훨씬 많은 이름 없는 작은 영웅들의 땀과 피가 밑바탕이 되어 지도자도 탄생하고 역사도 발전하는 것 아니겠습니까?

저희 부모님께서 바로 그 이름 없는 작은 영웅들이십니다. 이제 제가 보답해 드리는 것 말고 또 무슨 바람이 필요하겠습니까?

● **자신을 어떤 사람이라고 생각하는가?**

저는 '내가 누구인가?'라는 질문에 대답하는 수준을 높이는 것이 저 자신의 발전 척

도이자 인생의 과제라 생각하며 살아가고 있습니다.

지금까지 제가 아는 저는 본성이 선하고, 꿈이 크며, 관계지향적인 사람입니다. 그러나 아직 저 자신을 충분히 객관적으로 평가할 능력이 되지 못하여 가끔은 이기적인 모습에 놀라기도 하고, 큰 꿈이 지나친 욕심에 지나지는 않을지, 관계지향적이라는 것이 사람들에게 의지하려는 나약함은 아닌지 '의혹'도 가지고 있습니다. 저 자신을 알아가는 것이 인생의 과제라 여기는 동시에 아직 저 스스로 이런 의혹이 있기에 세상에 과감히 저를 던지려 노력합니다. 도전하고 실패도 겪어봐야 저의 현주소를 알 수 있기 때문입니다. 이젠 귀사와 함께 발전하며 저를 발견하는 더욱 의미 있는 도전과 여정이 이어지길 희망합니다.

● **친구들이 부르는 별명은 무엇인가? 왜 그런 별명을 얻었다고 생각하는가?**

고등학교 때 친구들이 '바람돌이'라는 별명을 붙여 줬습니다. 심지어는 다 같이 놀때 제가 등장할 때면 만화 〈모래요정 바람돌이〉의 주제곡을 불러주기도 했습니다.

저는 어려서부터 친구 사귀기에 몰두하였습니다. 그 대상이 남자이건 여자이건 마음이 통하면 전부 친구로 만들었지요. 그런 습성은 사춘기를 지나며 다른 친구들이 성별로 내외를 하기 시작할 때도 변하지 않고 유지가 되어, 남자친구만큼 알고 지내는 여자친구들도 항상 많았습니다. 그래서 체육대회 때 여자반과 자매결연을 하여 서로 응원을 해준다거나 하는 일을 성사시키는 건 항상 저의 몫이었습니다. 이러한 일들 때문에 대학에 들어가기 전에 연애 한 번 안 해본 제게 그런 별명이 붙게 되었던 것입니다.

● 희망 직무 관련 과목의 학점이 왜 이렇게 낮은가?

경영자의 꿈을 꾸기 시작한 건 중학교 때부터였습니다. 결국 대학도 경영학부를 선택하게 되었습니다. 확고한 꿈 탓에 이 방면으로 호기심이 강했기 때문에 아르바이트도 주로 회사에서 업무보조를 했고, 인턴과정도 한 가지 목표를 두고 활용했습니다. 무엇보다 사업하시는 삼촌을 졸라서 방학 때마다 자진해서 근무한 것이 회사의 경영을 이해하는 데 큰 도움이 되었습니다. 이렇게 최대한 현장을 자주 경험하다 보니 현실과 거리가 있어보이고 생생하지 못한 강의실에서의 배움에 대한 관심이 오히려 줄어들었습니다. 겸손하지 못한 처사였다는 것을 깨달은 것은 4학년이 되어서였고, 이미 성적은 많이 떨어져 있었습니다. 다시 1학년이 된다면 학교 수업에 충실하고 싶습니다. 하지만 이제 와서 하는 후회는 의미 없다고 생각됩니다. 취업하여 진짜 회사원으로 경험하며 독학으로 이론 공부도 꾸준히 하고, 기회가 닿는다면 정식 학업도 병행하고 싶습니다. 이론과 실천이 잘 조화를 이루는 성공하는 회사원, 나아가 경영자가 될 수 있도록 노력할 것입니다.

● 왜 이 전공을 선택했는가?

자본주의가 발전할수록 우리의 삶에서 경제적 이슈는 더욱 그 비중이 커지고 있으며, 세계화의 진전 때문에 경제 현상의 복잡함은 날로 더해가고 있습니다. 경제 문제는 가히 우리 삶의 모든 영역의 출발점이 되거나 영향을 끼치고 있다고 말할 수 있을 정도입니다. 따라서 학문으로서 계속 경제학을 파나가든 취업에 유리한 학과로써 활용하여 취업하든 간에, 올바른 경제학적 지식과 마인드로 무장하는 것은 성취와 행복을 추구하는 데 있어서 매우 유리하다고 생각을 했습니다. 졸업을 앞둔 지금은 4년 전보다 더욱 경제학과를 선택한 것에 만족하고 있습니다. 경제학과에서 갈고닦은 저의 Economic Mind가 귀사의 발전에 한몫할 것이라 자신합니다.

● 희망 직무에 전공이 어떤 도움을 줄 수 있다고 생각하는가?

저는 중국어를 전공하면서 영어학원을 꾸준히 다니며 영어 실력도 함께 발전시키는 데 많은 노력을 기울였습니다. 국외영업부에서 일하는데 영어로 커뮤니케이션이 가능해야 하는 것은 기본일 것입니다. 영어 외에 공장이 위치한 현지 언어인 중국어를 구사하는 것은 원활한 업무 진행을 하는 데 큰 도움이 될 수 있습니다. 특히 중국 사람들은 우리나라 사람처럼 관계지향적인 마인드를 가지고 있습니다. 그래서 자신들의 모국어를 유창하게 구사하는 것 자체에 급격한 친밀감을 느끼고, 경우에 따라서는 원칙적으로 해결될 수 없는 문제가 관계를 얼마나 잘 유지했느냐에 따라 해결되는 때도 있습니다. 귀사의 공장은 중국의 심천, 광저우 등에 있는 것으로 알고 있습니다. 공장과 긴밀한 관계를 유지해야만 하는 국외영업부서에 중국어 커뮤니케이션이 원활한 직원이 있다는 것은 업무의 효율성이 한 단계 발전할 좋은 기회라고 생각합니다.

● 출신 학교와 학과 자랑을 하시오

제가 졸업한 학교는 1899년 개교한 역사 깊은 ○○대학교입니다. 최근 훌륭한 커리큘럼을 자랑하며 학생들을 모집하는 새로운 학교들이 많이 생겨나고 있습니다. 외형적으로 보이는 것은 흉내 낼 수 있지만 오랜 세월 지켜온 전통 있는 교학 정신과 학생들의 자부심은 감히 흉내 낼 수 없을 것으로 생각합니다. 역사가 오래된 만큼 훌륭한 선배님들도 많이 배출했는데 대표적으로 청렴결백한 정신으로 국민의 사랑을 받는 나깨끗 의원이 계십니다.

그중에서도 제가 전공한 중어중문학과는 학과가 생긴 이래 꾸준히 중국의 대학과 교류를 해 왔습니다. 그 결과 지난 2004년 중국의 명문대학인 푸단대학과 자매결연을 할 수 있게 되었습니다. 학생들은 2년간의 교환학생제도를 통해 현지에서 살아 있는 중국어를 배울 기회를 얻게 된 것입니다. 저 또한 2010년부터 2012년까지 푸단대학에서 공부했습니다. 중국어뿐만 아니라 중국 문학에 대한 깊이 있는 공부를 할 수 있었던 소중한 시간이었습니다. 또 한국에서 중국어를 전공한 다른 학교 친구들 보다 살아 있는 중국을 체험할 수 있어 잊지 못할 좋은 추억을 만들 수 있었습니다.

● 가장 기억에 남는 과목은? 그 이유는?

가장 기억에 남는 과목은 일본 역사 수업이었습니다. 일 년에 걸쳐 필수 과목으로 수강했는데, 공부해야 할 내용이 너무 많아서 막막했습니다. 사실 시험에 나올 만한 중요한 내용만 수박 겉핥기식으로 공부해도 적당히 괜찮은 성적을 받을 수 있었겠지만, 일본어를 전공하면서 일본 역사를 모르는 것은 마치 제가 김씨이지만 조상이 누군지 모르는 것과 같다는 생각이 들었습니다. 그래서 저는 스터디그룹을 만들어서 시험 한 달 전부터 친구들과 일주일에 두 번씩 공부를 했습니다. 하나하나 이해하고 시대별 사건들을 정리하며 연표를 만들었는데 그런 노력의 결과 시험에서 좋은 성적을 받은 것은 물론 일본 역사에 관한 상식이 풍부해졌습니다.

● 성적이 좋지 않은 과목은 무엇이며, 성적이 안 좋은 이유는 무엇인가?

교양 수업으로 프랑스어를 수강했습니다. 중국어에도 어느 정도 자신이 생겼고, 영어와 많이 다르지 않으리라는 생각에 수강 신청을 하게 되었는데, 예상과 달리 처음부터 갈피를 못 잡다가 나중에는 영어와 헷갈려서 걷잡을 수 없는 상황으로까지 가게 되었습니다. 그러다 보니 수업은 흥미가 없어지고, 쪽지 시험을 볼 때마다 모르는 단어가 너무 많아 곤혹이었습니다. 결국 자포자기하는 심정이 되었고, 대학생활 중 난생처음으로 D 학점을 받았습니다. 엄청난 충격을 받았지만 그때는 내 적성에 맞지 않아서일 거라고 위안했는데, 사실 조금만 끈기를 갖고 집중해서 공부했으면 지금쯤 프랑스어도 약간은 할 수 있지 않을까 하는 후회가 됩니다. 중국에 교환학생으로 가 있을 때 프랑스에서 온 친구를 만난 적이 있었는데, 부끄러워서 프랑스어를 배웠었다는 말조차 꺼내지 못했습니다. 그때 얼굴이 붉어지면서 노력하지 않았던 것에 또 한 번 크게 후회하고 반성했던 기억이 있습니다.

● 자신의 장점은 무엇인가?

제 주변 사람들이 저의 장점으로 꼽는 세 가지가 있는데 그 첫째는 활달한 성격이고, 둘째는 신중함, 마지막은 체력입니다. 그중 제일 자랑할 만한 것은 신중함이라 생각합니다. 활달한 성격과 신중함은 어느 면에서는 모순이라고 느끼실 수도 있을 겁니다. 외향적인 성격이라 어느 자리에서도 제 색깔을 유지하면서 다른 사람과 잘 어울리며, 문제가 생겼을 때도 적극적으로 해결하려 하고, 사람들과 있을 때는 늘 밝고 긍정적인 모습을 유지합니다. 하지만 무언가를 고민할 때는 매우 신중한 편으로, 그 일의 결과를 여러 방식으로 예측해보고 실패할 수 있는 요인을 피해 가고자 최대한 집중력을 발휘합니다. 그래서 저를 잘 아는 친구들은 저의 신중한 모습을 제 장점 중 최고로 꼽습니다. 신중하게 세운 계획을 추진력 있게 실행해 나가려면 체력이 좋아야 하는 것은 더 말할 것도 없을 것입니다.

● 자신의 장점을 증명할 만한 사례를 들어보시오

저의 장점은 맡은 일에 책임감을 느끼고 끝까지 해내는 것입니다.

대학교 3학년 때 축제를 준비할 기회가 있었습니다. "사공이 많으면 배가 산으로 간다"는 말처럼 우리는 어떻게 계획을 세워야 할지 몰라 의견만 분분할 뿐 우왕좌왕하게 되었고, 축제가 코앞으로 다가왔는데도 완벽히 준비하지 못해 발만 동동 구르고 있었습니다. 대략적인 계획만 가지고는 행사가 치밀히 진행되지 못할 것이 뻔했기 때문에 우리는 마음이 바빴습니다.

그중 가장 문제가 되는 것이 행사를 진행하는 데 필요한 기기들을 대여하는 것이었는데, 빠듯한 자금 사정으로 좋은 장비를 대여하는 것이 힘들었습니다. 다들 포기하려 했지만 저는 끝까지 희망을 놓을 수가 없었습니다. 그래서 학교 근처 상점들을 돌며 도움을 요청했고, 처음에는 거절하셨던 몇몇 사장님들이 세 번 넘게 찾아가자 지독하다면서 조금씩 도움을 주셨습니다. 그래서 축제를 하루 앞두고 가까스로 준비를 마칠 수 있었습니다. 사실 저도 어느 정도는 포기하고 싶은 마음이 들기도 했고, 그냥 대충 싼 기계 몇 대로도 행사를 끝낼 수 있었습니다. 하지만 저는 제가 맡은 일을 그렇게 대충할 수 없었고, 결국 훌륭하게 마무리 지을 수 있었습니다.

● 자신의 단점은? 자신의 단점을 어떻게 개선할 것인가?

저는 정리정돈을 잘 못 합니다. 그래서 어렸을 때부터 부모님께서 늘 방 정리를 도와주셨고, 유난히 깔끔한 척하는 동생에게 핀잔을 듣기가 일쑤였습니다. 그것뿐만 아니라 가끔 제가 놓았던 물건도 어디에 두었는지 못 찾을 때도 있습니다. 그래서인지 문구점에 갈 때 정리에 도움이 되는 소품들을 유심히 보는 습관이 생겼습니다. 예를 들면 작은 핀이나 핀셋 같은 것들을 넣을 수 있는 삼단 서랍장이나 액세서리를 깔끔하게 정리할 수 있는 진열대 같은 것들을 그냥 지나치지 않습니다. 또한 가방에 동전이나 천 원짜리 지폐를 넣어놓고는 까맣게 잊고 있다가 다음번에 예상치 못한 돈을 발견하는 때도 잦아서, 아예 선반 앞에다가 '가방 정리'라고 써 붙여놓기도 했습니다.

하지만 정리를 못 하는 단점이 반대로 장점으로 작용할 때도 있습니다. 일례로 책상 앞에는 메모지가 많이 붙여져 있는데, 교양 과목 과제나 인터넷 기사에서 본 유용한 기사들 같은 것들이 메모 되어 있습니다. 주변정리를 잘하지 못해서 생긴 단점이 대신 필요할 때 늘 메모를 하는 습관을 기르게 해주었습니다. 앞으로도 정리하는 습관을 기르는 것과 동시에 메모를 잘하는 연습을 해 나갈 것입니다.

● 그 업무를 담당할 만하다고 느끼는 본인의 강점은 무엇인가?

최근 조그만 동네 상점부터 대형마트는 물론 금융기관까지 고객에게 최상의 서비스를 제공하는 것에 많은 관심이 있다고 생각합니다. 저는 호텔 등에서 아르바이트하면서 매너 교육을 받았고, 고객과 대화를 나누는 것에 거부감이 없습니다. 처음 보는 사람들과 친해지는 데도 다른 친구들이 부담감을 느끼는 것에 비해 전혀 부담감이 없습니다. 또한 작년 L사의 매장에서 6개월 동안 아르바이트를 할 때, 세 번이나 이달의 친절 직원에 뽑힐 정도로 서비스 마인드가 투철하다고 자부합니다. 이러한 경험들은 제가 은행 창구에서 고객을 응대하는 데 강점이 있다는 점을 명백히 보여준다고 자신합니다.

● 성격 때문에 손해 본 일이 있는가?

저는 생각을 좀 깊이 하는 경향이 있습니다. 신중하다는 것은 장점이 될 수 있지만, 단순한 일도 너무 깊게 생각해서 엉뚱한 답을 하거나 시간을 너무 오래 끌어 대답을 못하는 때도 있습니다. 예를 들면 시험을 볼 때 직관적으로 떠오르는 답을 적어야 하는데 문제의 의도를 너무 깊게 생각하다 틀린 적도 있고, 또 간혹 문제 풀이 시간이 모자라기도 합니다. 뭐든지 '빨리빨리'를 외치는 요즘 같은 때에 손해 볼 수 있는 성격이라고 생각합니다.

● 본인의 인생관은?

제임스 딘이 한 말 중 "Dream as if you'll live forever, live as you'll die today", 즉, "영원히 살 것처럼 꿈꾸고 오늘 죽을 것처럼 살라"라는 말이 있습니다. 오늘 먹은 점심은 평생 다시는 돌아오지 않을 시간입니다. 그래서 매 순간 온 힘을 다하려고 애씁니다. 하지만 지금 이 순간만 집중하다 보면 미래를 준비할 수 없습니다. 그래서 미래를 계획할 때는 영원히 살 것처럼 끊임없이 에너지를 발산하고, 오늘 하루가 나의 마지막 날이라고 생각하며 살겠다는 각오로 이 글귀를 제 인생관으로 정해놓았습니다. 꿈을 꿀 때도, 지금 이 순간도 정열적으로 사는 홍길동이 되고 싶습니다.

● 최근에 읽었던 책의 내용을 말해보시오

《왕을 참하라》라는 책을 가장 최근에 읽었습니다. 책의 부제에 쓰여 있듯이 백성의 처지에서 본, 통사 형식의 조선사입니다. 조선이라는 나라가 얼마나 허약한 기반 위에 기둥을 세운 나라였는지, 우리 민족의 역사를 위해서 왜 오래 유지되어서는 안 되는 나라였는지를 구체적인 사료를 바탕으로 보여주고 있고, 교과서와는 다른 새로운 관점을 보여주었습니다. 대표적으로 광해군과 대원군에 대해서 '폭군' 내지는 '쇄국정책'이라는 단편적이고 획일적인 평가의 오류를 지적하며 새롭게 평가되어야 한다고 이야기하는 부분들이 그러합니다. 저자는 조선은 중국의 반식민지와 같은 형태로 겨우 생명 줄을 이어갈 수 있었으며, 그러한 중국의 보호막에 있다가 보니 치열한 경쟁을 통한 발전 기회를 잃고, 19세기 말 세계에서 가장 낙후한 나라로 추락했다고 주장합니다. 늘 그렇듯이 역사는 현재의 뿌리이며 미래의 거울입니다. "역사로부터 배운다"라는 격언은 놓치지 말아야 할 지침과 같다고 생각합니다. 이 책은 조선으로부터 대한민국의 미래를 배울 좋은 기회였습니다.

● 최근에 본 영화 중 가장 감명 깊었던 것은? 그 이유는?

가장 최근 본 영화는 〈마더〉입니다. 〈마더〉는 모두 세 번 보았는데 처음 영화를 보았을 때는 별 감흥이 없었습니다. 그저 '어머니의 사랑이 대단하구나'라는 생각을 했습니다. 그러나 두 번째 보았을 때는 처음과 다른 시각으로 영화를 보게 되었습니다. 단 한 번 별 의미 없이 영화를 보고 지나쳤다면 감명 깊었던 영화라고 할 수 없었을 겁니다. 하지만 영화를 세 번 보고 나서야 이해를 하였고, 봉준호 감독이 정말 대단한 사람이라는 생각을 했습니다. 혹시 〈마더〉를 보지 않으셨다면 꼭 한 번 보시길 바라고, 다시 엄마

역을 맡은 김혜자 씨와 아들 역을 맡은 원빈 씨 처지에서 한 번 더 보시면 또 다른 느낌을 받으실 수 있을 것으로 생각합니다.

● 가장 존경하는 인물과 그 이유는?

저의 아버지입니다. 솔직히 말씀드려 작년까지만 해도 제가 존경하는 사람은 여러 명이었습니다. 주로 사회적으로 엄청난 성공을 하거나, 명성을 쌓은 위인들이 대부분이었습니다. 그러나 올해부터 아버지로 바뀌게 되었습니다. 그 이유에 대해 말씀 드리겠습니다.

대학을 졸업하고 나서도 취업 전형에서 번번이 낙방하고, 아르바이트로 이곳저곳을 전전하다 보니 직장이라는 것을 얻는 것 자체가 얼마나 힘든 일인지 알 수 있었습니다. 게다가 직장생활을 한곳에서 수십 년 동안 할 수 있다는 것이 얼마나 위대한 일인지 절실하게 느낄 수 있었습니다. 쉬고 싶어도 가족 생각에 쉬지도 못하고 지금까지 저를 먹여주시고, 입혀주시고, 가르쳐주신 아버지가 이 세상에서 가장 위대한 분이라는 생각이 들었습니다. 이 세상 모든 아버지가 다 존경스럽습니다.

● 현재 건강한 편인가? 건강하다면 건강을 유지하는 비결은?

저는 매우 건강한 편입니다. 어렸을 때도 4킬로그램으로 아주 건강하게 태어났다고 어머님께 들었습니다. 잔병치레 없이 고등학교까지 졸업했습니다. 고등학교 때는 쉬는 시간마다 축구나 농구를 해서 제 키가 185센티미터까지 크는 데도 많은 도움이 되었던 것 같습니다. 또 저는 줄넘기를 매일 아침 15분씩 했습니다. 처음엔 힘들었는데 습관이 되고 나니 수능시험을 준비하는 데 무리가 되지 않으면서도 건강관리에 많은 도움이 되었습니다. 하지만 대학교에 입학하고 나서 술을 많이 마시게 되면서 운동을 등한시하게 되었고, 1년 만에 살이 4킬로나 쪘습니다. 사실 건강에 늘 자신이 있었기 때문에 별로 건강에 신경 쓰지 않았는데 대학교 2학년 때 친구가 맹장염으로 병원에 입원하는 것을 보고 문득 건강을 돌보지 않고 지낸 것이 떠올라 그때부터 다시 헬스클럽을 다니기 시작했고, 지금까지 5년째 꾸준히 하루에 한 시간씩 운동을 하고 있습니다.

● 주량, 흡연량은 어느 정도인가?

주량은 소주로는 두 병, 맥주로는 2,000cc 정도입니다. 주변 친구 중에서는 보통 정도로 마시는 편입니다. 간혹 너무 술을 못 마셔서 어르신들을 뵙는 자리가 특히 난감하다고 고민하는 친구들을 보았습니다. 두 병 정도 주량이면 분위기도 맞추고 실수하지 않고 귀가할 수 있는 정도의 주량이라고 생각합니다. 담배는 작년까지 하루에 반갑 정도를 피웠는데 1년째 금연하고 있습니다. 금연을 했더니 체중도 늘었습니다. 최근에는 운동량을 늘려 건강에 신경 쓰고 있습니다.

● 요즘 가장 즐겨 들어가는 인터넷 사이트는 무엇인가? 그 이유는?

최근 건강관리 관련 사이트에 많이 접속합니다. 처음엔 몇 가지 궁금한 점이 있어 한두 번씩 접속하게 되었는데, 제 전공이 체육학인 만큼 건강관리에 관련된 지식을 쌓는 것도 학교에서 배운 내용과 접목되어 많은 도움이 됩니다. 또 요즘처럼 정보가 넘쳐나는 때 올바른 건강 지식을 갖추는 것은 제 건강을 유지하고 체력관리를 하는 데도 많은 도움을 줍니다. 그래서 하루에 한 번 건강관리 관련 전문 지식을 검색할 수 있는 사이트를 접속해보곤 합니다.

● 좋아하는 운동은? 그 이유는?

제가 좋아하는 운동은 등산입니다. 사실 그동안 움직이는 것을 별로 좋아하지 않고, 또 마른 체형이라 다이어트에 대한 필요도 별로 느낄 수 없었습니다. 그러던 중 어느 날 친구의 권유로 청계산을 오르게 되었습니다. 산을 오르기 시작할 때는 너무 힘들어 투덜거리기도 했지만, 한발 한발 산을 오르면서 발밑만 쳐다보던 시선을 주변으로 옮겨가기 시작했습니다. 주변은 소음 없이 차분하고 오가는 사람들의 말소리만 가끔 들렸습니다. 상쾌한 공기를 마시고, 짙은 초록의 나무들을 보면서 마음이 편안해지는 것을 느꼈습니다. 등산화나 등산복을 준비하지 않고 간 터라 가끔 발이 미끄러져도 신발끈을 고쳐 매고 다시 올랐습니다. 산에 가는 내내 친구에게 웬 등산이냐며 투덜거렸던 제가 이제는 친구에게 먼저 전화해서 등산을 가자고 하고, 그 이후로 주말이면 빠지지 않고 산에 다니고 있습니다. 등산은 생각보다 체력소모가 많아서 운동이 많이 됩니다. 요즘은 물렁살이 단단해져서 건강해 보인다, 몸매가 매우 예쁘다는 이야기도 많이 듣습니다.

● 취미와 특기는?

저는 바둑을 취미로 즐기고 있습니다. 바둑은 어렸을 때 집중력을 기르기 위한 목적으로 배웠습니다. 프로기사처럼 아주 잘 두는 실력은 아니지만, 가끔 집중해서 바둑을 두면 기분 전환에 많은 도움이 됩니다. 한 치 앞을 내다볼 수 없는 바둑은 바둑판 위의 소리 없는 전쟁이라고 생각할 정도로 승부욕이 강한 저에게 스트레스를 풀 수 있는 좋은 취미라고 생각합니다.

특기는 인라인스케이트 타기입니다. 보통 취미로 많이들 즐기시는데, 저 역시 처음엔 취미로 즐기다 계속 욕심을 내다 보니 지금은 주말에 인라인스케이트 모임에 나가 처음 온 회원들에게 강의도 하고 있습니다. 이러한 활동들을 계기로 스포츠 사업에까지 관심을 두게 되었습니다.

● 스트레스 해소법은?

저는 스트레스에 민감한 편이라 최대한 그때그때 풀려고 노력합니다. 스트레스를 받은 날은 꼭 빠뜨리지 않고 운동을 하려고 짬을 냅니다. 특히 강바람을 맞으며 헤드폰을 끼고 강변을 달리면 스트레스 해소에 도움이 많이 됩니다. 또 1년째 벨리댄스를 배우고 있는데 음악에 맞춰 땀을 흠뻑 흘리고 나면 기분이 상쾌해집니다. 운동을 꾸준히 하게 되면 교감신경의 반응성이 떨어져 같은 스트레스를 받았을 때 견디는 힘이 더 좋아진다고 합니다. 그래서 저처럼 예민한 성격은 꾸준한 운동이 정말 중요하다고 생각합니다. 뒤늦게 알고 벨리댄스를 시작하게 되었는데, 지금까지 해 온 것처럼 앞으로도 꾸준히 운동하여 잦은 스트레스에도 지치지 않고 건강해지고 싶습니다.

● 존경하는 CEO는?

제가 제일 존경하는 분은 애플사의 CEO인 스티브 잡스입니다. 스티브 잡스를 모르는 사람이 몇이나 될까요? 스티브 잡스는 자신이 만든 회사에서 물러나는 치욕을 겪었지만, 적자에 허덕이던 회사로 다시 돌아와 흑자로 상황을 역전시켰고, mp3 플레이어인 아이팟을 세상에 내놓으면서 찬사를 받았습니다. 또한 신제품을 소개할 때 스티브 잡스의 프레젠테이션 방법은 유명한데 많은 학생이 그를 보며 따라 하기도 합니다.

저는 스티브 잡스를 '만능 엔터테이너'라고 칭하고 싶습니다. 새로운 것에 대한 욕구, 추진력, 또 프레젠테이션을 할 때의 연기력을 보면서 그의 끝없는 에너지가 대체 어디서 나올까 싶은 생각에 탄성이 나오곤 합니다.

● 하루를 어떻게 보내는가?

매일 조금씩 다릅니다. 이 중 수요일의 일과를 말씀드리겠습니다. 아침 6시에 일어나 어머니와 함께 수영장에 다녀오고 나서 8시 반쯤 식사를 합니다. 한 시간가량 조간신문을 1면부터 소리 내어 정독한 후 메일과 주식을 체크하고, 점심 후에 신촌에서 스터디를 합니다. 세 시간 정도의 취업 스터디를 마치면 함께한 동료와 커피 한잔을 한 뒤, 집 근처 피트니스센터에서 한 시간 반 정도 웨이트트레이닝을 합니다. 여자친구와 저녁 식사를 하면 저녁 9시, 영어회화 스터디 모임을 동네 카페에서 가진 뒤 집에 귀가하면 11시 반경이 됩니다. 그러고는 웹서핑하다가 한 시쯤 잠자리에 듭니다.

● 남들이 자신을 어떻게 평가하는가?

먼저, 부모님께서 평가하시는 저를 말씀드리겠습니다.
무뚝뚝 그 자체인 여동생을 대신해 집에서 애교를 담당하고 있어서인지 부모님은 아직 저를 철부지로만 보시는 것 같지만, 그래도 하나뿐인 아들인지라 은근히 듬직해하시는 걸 느낄 수 있습니다.

다음은 친구들이 평가하는 저를 말씀드리겠습니다.

친구들은 저를 자기관리 철저하고 시원시원하게 통 크고 대화하는 걸 좋아하는 남자로 생각해주는 것 같습니다. 그리고 친구를 포함한 주위 사람들 모두에게 제가 하는 말에는 신뢰감이 간다는 말을 많이 들었습니다.

● 좋아하는 연예인이 있는가? 그 이유는?

가수 겸 연기자 '비'를 좋아합니다. 개인적으로 어려운 환경 속에서도 포기하지 않고 꿋꿋이 노력한 사람들을 보면 존경을 하게 됩니다. 어려운 성장 과정에서도 포기하지 않고 가수의 꿈을 이루고 톱스타가 되고 난 뒤에도 끊임없이 자기개발을 위해 노력하는 '비'의 끈기와 열정이 존경스럽습니다. 몇 년 전 연말 국내 모 방송국에서 대상을 받고, 돌아가신 어머니께 영광을 돌리며 눈물을 흘리는 모습을 보며 가슴이 뭉클했습니다. 물론 국내 최고의 가수가 되었다는 것만으로도 만족할 수도 있었겠지만, 그 뒤로 끊임없는 도전을 통해 세계에서도 통한다는 것을 보여준 그를 닮고 싶습니다.

● 당신의 방은 어떻게 생겼는가?

군대에 갔다 오기 전까지 제 방은 부모님의 말씀을 빌리자면, 금방이라도 도깨비가 나올 것만 같은 방이었습니다. 그러나 군대에서 정리정돈의 중요성을 깨닫고 나서 방을 정리하기 시작하였습니다. 그러던 중, 올해 초 산업디자인을 전공하는 친구의 방을 방문하게 되었습니다. 그 친구의 방은 말로 표현할 수 없을 정도로 멋있었습니다.

깜짝 놀란 저를 보고, 친구는 "나의 창의성의 원천은 바로 이 방이야"라는 말을 해주었습니다. 그날 이후 저는 제 방을 어떻게 저만의 콘셉트로 꾸며볼까 궁리하기 시작하였습니다. 그리고 직접 발품을 팔며 벽지와 가구 등을 골랐습니다. 대공사에 소요되는 자금은 아르바이트로 모았습니다. 그 결과, 지금은 누구에게나 보여주고 싶은 방이되었습니다. 면접관님께도 보여 드리고 싶습니다.

방문을 열면 싱글 침대보다 조금 작은 크기의 책상이 창문을 오른편에 두고 자리하고, 창문 아래 어깨높이의 책장이 놓여 있으며, 책상 왼편으로는 붙박이장이, 책상을 향해 침대가 뉘어져 있습니다. 벽지는 연한 하늘색, 커튼은 푸른색이며 가구는 모두 월넛색상으로 통일시켜 전체적으로 차분한 분위기입니다.

● 좋아하는 동물은? 그 이유는?

사슴을 좋아합니다. 특히 백사슴을 좋아합니다. 저의 태몽으로 어머니께서 백사슴을 끌어안는 꿈을 꾸셨다는 말씀을 들은 다음부터 백사슴을 좋아하게 되었습니다. 백사슴은 실제로 볼 기회가 드물어서인지 보통 사슴에게도 애착이 갑니다. 사슴을 떠올리면 왠지 마음이 차분해짐을 느낍니다. 제가 귀사에서 성장하여 CEO가 되고, 회사의발전을 위하여 온 정성을 쏟고 은퇴를 하게 되면 부모님과 백사슴 농장을 해보고 싶습니다.

● 이성 친구가 있는가? 없다면 그 이유는? 있다면 이성 친구를 자랑해보라

있습니다. 친구들한테 여자친구를 자랑하면 팔불출이라는 소리를 들을까 봐 평소에는 이야기할 기회가 없었는데, 이렇게 기회를 주시니 마음껏 자랑해보겠습니다. 외모는 연기자 박한별을 닮았을 정도로 예쁘고 사랑스럽습니다. 동갑내기 제 여자친구와는 오랜 친구 관계에서 연인으로 발전했습니다. 웨이트트레이닝이 취미인 저를 위해 닭 가슴살과 고구마, 잡곡밥, 연어 등으로 이뤄진 건강식을 준비해주는 가정적이고 배려심 깊은 여성입니다.

귀사에 입사하게 되어 제가 자리를 잡게 되면 하루라도 빨리 제 여자친구와 행복한 가정을 꾸리고 싶습니다. 아이는 최소 셋 이상을 갖고 싶습니다.

● 등산을 좋아하는가? 최근 어디에 갔었는가? 누구와 갔는가?

고등학교 시절까지는 아버지와 산에 오르던 기억이 많았는데, 지금은 그다지 등산을 즐기지 않습니다. 대신 초등학교 때 가족들과 함께 올랐던 속리산의 추억을 말씀드리고 싶은데, 최근의 경험이 아니어도 허락해주시겠습니까?

제가 태어나서 처음 오른 산이 바로 속리산이었습니다. 아침 일찍부터 오르기 시작한 산행이 가도 가도 끝이 없었습니다. 어린 마음에 부모님께 집에 돌아가자고 계속 투정을 부렸습니다. 부모님께서는 끝까지 인자하신 표정으로 저에게 "이제 다 왔다. 정상에 올라야 진짜 사나이가 된단다"라는 말씀을 하시며 저를 다독여 주셨습니다. 결국 문장대를 밟았고, 정상에서 먹은 버섯덮밥의 맛은 정말 꿀맛이었습니다. 그날 이후로 저는 끈기와 인내심을 가진 아이가 되었다고 생각합니다. 오랜만에 아버지와 함께 산에 오르고 싶어집니다. 이번 주말에는 북한산에 가자고 말씀드려야 하겠습니다.

왜 그 일이 하고 싶습니까?

기업은 한 번 더 속았다. "다른 회사도 아니고 왜 우리 회사를 선택했는가?"라는 질문에 구체적으로 답을 하기에 합격을 시켰다. 이번에는 오래 다닐 줄 알았다. 그런데 또 1년도 채 안 되어서 사직서를 들고 왔다.

기업은 물었다.

"왜 그만두려고 하는가?"

대답은 이랬다.

"업무가 적성에 맞지 않습니다."

기업은 기가 막혔다. 일 년 전을 생각해보았다. 그때 이 사람은 이렇게 말했다.

"시켜만 주시면 어떤 일이든 하겠습니다."

기업은 이 말을 그냥 넘긴 것이다. '우리 회사가 좋아 죽겠다는데 업무가 무슨 상관이겠어?'라고 생각하면서 말이다.

이제 기업은 아주 똑똑해졌다. "다른 회사도 아니고 왜 우리 회사를 선택했는가?"라는 질문을 던지고 나서 반드시 "다른 업무도 아니고 왜 이 업무를 선택했는가?"라는 질문을 던진다. 그리고 지원자의 답변에 안심할 때까지 묻고, 또 묻고, 확인하고, 또 확인한다. 이렇게 똑똑해진 기업을 안심시키려면 어떻게 대답해야 할까?

X 면접관: 입사하면 어떤 일을 하고 싶으세요?

홍길동: 귀사에서라면 그 어떤 일도 할 수 있습니다. 저는 어떤 환경이든지 빨리 적응합니다. 맡겨만 주십시오. 빠르게 적응하여 남들보다 더 많은 성과를 내겠습니다.

TIP 앞의 내용을 제대로 읽은 사람이라면 왜 좋지 않은 답변인지 잘 알 수 있을 것이다. 아직도 '우와! 정말 훌륭한 답변이다'라고 생각하는 사람이 있다면 불합격할 확률이 100%다.

O 면접관: 입사하면 어떤 일을 하고 싶으세요?

홍길동: 영업관리자로서 매출 극대화에 기여하고 싶습니다. 이를 위해 첫째, 입사 후 3년 내에는 제가 관리하고 있는 매장에서 10번 이상 친절사원을 배출하겠습니다. 저만의 장점인 동기부여능력으로 협력사원들이 항상 밝고 친절함을 유지할 수 있도록 하겠습니다.

둘째, 5년 내에 현대백화점에 입점한 모든 브랜드별 영업전략 및 매장 운영의 차이점을 각 10가지 이상 메뉴얼화하여 각각의 특성에 맞는 전략을 제시할 수 있는 현장 영업관리 전문가가 되고 싶습니다.

마지막으로 입사 10년 후에는 영업관리 팀장이 되어 시스템을 끊임없이 개선하고 싶습니다. 특히 매출 취약 매장의 경우 집중적인 컨설팅을 통해 적극적인 대안을 제시할 수 있는 유통업계 최고의 영업관리 전문가가 되겠습니다.

● **그 업무를 희망하는 이유는 무엇인가요?**(업무별 답변입니다. 해당 자격증을 소지한 사람이나 특정 분야를 전공한 사람만 할 수 있는 업무는 제외합니다.)

■ 인사팀

최근 OO사의 CF를 본 적이 있는데, 무엇보다 사람을 중시하겠다는 의지를 읽을 수 있었습니다. 저는 인사팀에서 귀사의 또 다른 100년을 책임질 수 있는 인재들을 찾고 싶습니다. 뛰어난 인재가 있다고 하면 지구 반대쪽까지 날아갈 자신이 있습니다. 아무리 투자를 해도 아깝지 않을 만한 인재를 고를 수 있는 안목이 저에게는 있습니다. 제가 귀사의 인사팀에서 일하게 되면 역량을 더욱더 확실하게 파악할 수 있는 채용 전형 시스템과 면접 질문들을 개발하고, 개선하는데 심혈을 기울이겠습니다.

■ 총무팀

어느 것 하나 중요하지 않은 업무는 없다고 생각합니다. 저는 이들 중에서 총무팀에서 일하고 싶습니다. 총무팀은 회사의 살림살이를 맡는 팀이라고 들었습니다. 총무팀이 없으면 회사가 돌아가지 않을 것입니다. 회사의 운영을 전반적으로 파악하고, 모든 업무가 효율적으로 돌아갈 수 있도록 윤활유를 제공함으로써 회사의 수익 창출에 이바지하는 것, 이것이 바로 총무팀의 역할이라고 생각합니다. 기회를 주시면 내부고객 만족 극대화를 위해 즐겁고 행복하게 일하는 사람이 되겠습니다.

■ 교육팀

치열한 경쟁 체제 속에서 핵심 인재를 많이 확보하면 기업의 경쟁력이 높아질 것입니다. 기업이 핵심 인재를 확보하는 방법은 두 가지가 있습니다. 첫 번째는 핵심 인재로 성장할 수 있는 잠재력을 가진 사람들을 채용하는 것이고, 두 번째는 기존 직원들을 잘 양성하는 일일 것입니다. 이러한 전제조건으로 교육의 중요성이 대두합니다. 대학에서 교육학을 전공한 저로서는 교육팀에서 가장 많은 성과를 낼 수 있다고 생각합니다. 귀사의 교육팀에서 일할 수 있게 된다면 위기 관리, 변화 관리, 창의성, 기업가 정신, 그린 경영, 윤리 경영 등의 최신 프로그램을 개발하고 도입하여 직원들의 역량 향상을 위해 온 힘을 다하고 싶습니다.

■ 사원복지팀

직원이 신바람이 나야 일을 열심히 하고 생산성이 올라갈 것입니다. 직원으로 하여금 신바람이 나게 하려면 급여나 승진 등만으로는 부족합니다. 제대로 된 복지 시스템이 있어야 합니다. 기업의 복지 시스템은 다소 형식적인 면이 많다고 생각합니다. 휴무 제도, 자녀 학자금대출 제도, 주택자금대출 제도 등은 이제 평범한 것이 되었습니다. 더욱더 적극적인 복지 시스템의 개발이 필요합니다. 뷔페형 복지 시스템 등이 좋은 사례라 할 수 있겠습니다. 저는 여기서 한발 더 나아가 직원들의 고충을 상담해주고, 스트레스를 해결할 수 있는 클리닉센터를 만들고 싶습니다. 물론 몇몇 기업에서 이를 도입하여 시행하고 있지만, 저는 이를 본격화하여 타 회사의 모델이 되는 시스템으로 구축하고 싶습니다. 기회를 주십시오. 주말보다 월요일이 더 기다려지는 신명 나는 일터로 만들어 보겠습니다.

■ 법무팀

저는 법무팀에서 일하고 싶습니다. 기업 활동을 하다 보면 여러 가지 법적인 문제에 부딪히는 경우가 많습니다. 작은 일 하나라도 법의 규정을 받고, 이를 무시하거나 잘 몰라서 엄청난 손실을 겪는 사례들도 많습니다. 반대로 이에 잘 대처하여 큰 이익을 얻을 수도 있습니다. 저는 법학과 출신은 아니지만 군 제대 이후 사법고시를 공부했고, 1차에 두 번 합격한 경험이 있습니다. 방학 때마다 변호사 사무실에서 아르바이트하면서 쌓은 실무 지식도 상당하다고 생각합니다.

■ 광고팀

예전에 전○○ 씨를 내세운 프린터 광고가 생각이 납니다. 사실 프린터는 섹시함과 아무런 관련이 없습니다. 섹시할 필요도 없습니다. 성능만 좋으면 됩니다. 그렇다면 그 프린터를 인기 상품으로 만든 것은 무엇이었을까요? 물론 성능과 브랜드 파워 등이 이바지했겠지만, 판매에 날개를 달아준 것은 섹시한 전○○ 씨의 춤이었습니다.

이만큼 광고가 중요하다고 생각합니다. 제가 귀사의 광고팀에서 일할 수 있는 영광이 주어진다면, 광고 전략을 세울 때 최대한 신중하도록 하겠습니다. 광고에는 엄청난 예산이 소요됩니다. 잘못하면 광고비가 바로 날아갑니다. 광고 하나를 하더라도 헛된 돈을 쓰지 않도록 최대한 신중하게 전략을 수립하여 위의 사례처럼 제2, 제3의 히트상품이 되는 광고를 만들 수 있도록 하겠습니다.

■ 홍보팀

대학에서 홍보란 기업의 모든 활동을 언론 매체를 통해 대외적으로 알려 회사의 이미지나 가치를 높이는 일이라고 배웠습니다. TV나 신문기사의 영향력은 상상을 초월합니다. 회사에 대한 좋은 기사 하나는 몇 십억짜리 광고와 같은 파워를 발휘하는 반면, 나쁜 기사 하나로 회사가 휘청거리기도 합니다. 저의 기획력, 글 솜씨, 창의성, 대인 관계 능력 등을 발휘하여 귀사의 가치를 높이는 데 이바지하고 싶습니다.

■ 마케팅팀

마케팅만큼 흔한 말은 없을 것 같습니다. 그러나 마케팅만큼 어려운 말도 또한 없을 것입니다. 기업의 운명이 마케팅에 달렸다고 해도 과언이 아닐 것입니다. 이토록 중요한 업무가 마케팅이라면 업무 능력뿐만 아니라, 무엇보다도 이 분야에서 성공하고자 하는 열정이 있어야 한다고 생각합니다.

먼저 저의 업무 능력을 말씀드리면 대학원에서 마케팅을 전공하였고, 이 기간에 여러 기업에서 마케팅 프로젝트에 참여한 경험이 있습니다. 제출해 드린 논문과 보고서를 보시고 평가해주셨으면 합니다.

열정에 대해 말씀드리겠습니다. 시간이 흐를수록 감성의 중요성이 더해지고 있습니다. 저는 그러한 감성을 키우려는 노력의 일환으로 매주 뮤지컬, 영화, 전시회 등을 꼭 관람하고, 각 기업의 마케팅 사례에 대한 책을 탐독하고 있습니다. 제 책꽂이에는 제가 읽은 마케팅 관련 서적만 200권이 넘습니다. 더불어 사회가 변화하는 흐름을 놓치지 않으려고 경제신문을 꼼꼼히 읽습니다.

이 외에도 저의 강점으로 말씀드린 분석력, 시장 감각, 꼼꼼함 등도 제가 마케팅팀에서 반드시 성과를 낼 수밖에 없는 역량이라고 자신 있게 말씀드리고 싶습니다.

■ 기획팀

저는 삼국지를 고등학교 때부터 지금까지 열 번을 넘게 읽었을 정도로 매우 좋아합니다. 대부분은 삼국지를 읽으면서 유비, 조조, 손권과 같은 최고 리더들을 좋아하고, 그들처럼 되고자 노력을 합니다. 그중 저는 제갈량과 같은 전략가들에 많은 관심이 갔습니다. 전략가들이 전장에서 뛰어난 공로를 세운 것은 기획력이 뛰어났기 때문이라고 생각합니다. 그들은 전쟁을 앞두고 전생의 목표, 성격, 필요 인력, 현재 보유인력과 자원을 효율적으로 활용할 방안, 날짜별 진행 상황, 전쟁 후의 결과 및 대책 등에 대해 철저하게 수립하고 이를 바탕으로 일을 추진해 나갔습니다. 저는 이것이 바로 기획이라고 생각합니다. 대학 총학생회에서 기획팀장을 맡았던 경험과 OO기업 기획팀에서의 인턴 경험을 긍정적으로 평가해주셨으면 좋겠습니다.

■ 상품개발팀

저는 귀사의 상품개발팀에서 일하고 싶습니다.

기업은 상품을 만들고, 시장에 팔아야 합니다. 상품이 잘 팔리면 수익을 얻을 수 있고, 잘 팔리지 않으면 기업은 문을 닫아야 합니다. 잘 팔릴 수 있는 상품을 개발하지 않으면 기업의 미래는 없습니다. 솔직히 말씀드려 저는 기업에서 인턴을 하기 전까지는 상품개발팀에 대해 잘 몰랐습니다. 그러나 상품개발팀에서 인턴을 한 경험이 상품개발의 중요성에 대해 깨닫게 해준 계기가 되었습니다. 특히 이곳의 과장님 한 분이 러닝화를 개발하기 위해 연구 중인 신발을 신고서 매일 한 시간 이상을 뛰면서 출퇴근을 하는 것을 보면서 깊은 인상을 받았습니다. 저도 그분과 같이 상품개발 업무를 하면서 열정적으로 살고 싶습니다.

■ 재무팀(회계, 경리, 자금, 세무)

제가 재무팀에서 일하고 싶은 이유는 세 가지입니다. 하나는 제 전공 분야라는 점, 또 한 가지는 분석력, 수에 대한 감각, 치밀함, 성실성 등 이 일을 하는 데 필요한 저의 역량, 그리고 마지막으로 귀사에서 훌륭한 CEO로 성장하기 위함입니다.

제 전공과 역량은 앞서 말씀드린 바가 있어 별도로 이야기하지 않고, 세 번째 이유에 대해서만 말씀드리고 싶습니다. 훌륭한 CEO가 되려면 돈의 흐름에 대해 잘 알고 있어야 한다고 생각합니다. 숫자에 강해야 하고, 이를 바탕으로 미래를 예측할 수 있어야 항상 최선의 결정을 내릴 수 있을 것입니다. 재무 분야에서 CEO가 많이 배출되는 것은 이러한 이유 때문이라고 생각합니다. 저는 재무팀에서 충분한 경험을 쌓으면서 CEO의 자질을 키워나가고 싶습니다.

■ 영업팀

우리나라에서 영업만큼 터부시되는 직종도 없다고 생각합니다. 대부분 영업이라고 하면 누군가 항상 아쉬운 소리를 해야 하고 상처를 많이 받는 것으로 오해를 받아, 되도록 맡지 않았으면 하는 분야라고 생각합니다. 영업은 기업의 꽃이라고 하는 말이 무색할 지경입니다. 그러나 최근 영업에 대한 인식이 많이 바뀌고 있고, 그 변화의 원인으로 외국계 보험사가 많은 영향을 끼쳤다고 생각합니다. 또한 실적에 따라 억대 연봉자들이 많이 배출되면서 영업에 대한 관심이 높아지고 있습니다.

영업은 진정한 프로의 세계라고 생각합니다. 철저한 자기관리가 필요합니다. 저는 매일 새벽 운동을 하고, 저녁이 되면 자기개발을 위해 학원에 다니는 등 투자를 많이 합니다. 동아리의 리더로 활약하면서 추진력, 협상력, 설득력, 도전 정신 등의 역량을 얻었습니다. 게다가 저는 고만고만한 연봉에 만족하지 못합니다. 성과에 따라 높은 보상을 받고 싶습니다. 제가 귀사의 꽃이 될 기회를 주십시오.

■ 비서실

얼마 전《비서처럼 일하라》라는 책을 읽은 적이 있습니다. 이 책을 보고 비서에 대한 인식이 완전히 바뀌게 되었습니다. 저의 모든 관심사는 훌륭한 비서가 되는 것입니다. 이후 비서 실무론을 공부하고, 비서 실무가 궁금하여 강남에 있는 비서 실무 과정도 이수하였습니다. 중학교 때부터 외국에서 살면서 익힌 유창한 외국어 실력, 워드, 파워포인트, 엑셀 등과 프레젠테이션 능력은 제가 훌륭한 비서가 되는 데 도움이 될 것입니다. 또한 저의 침착성, 신뢰성, 상황 판단력, 근면성 등도 긍정적으로 평가해주시기 바랍니다. 저는 또 한 명의 전성희 수석 비서가 되고 싶습니다.

■ 고객만족팀(CS)

기업을 먹여 살려주는 사람은 바로 고객입니다. 고객이 없으면 기업이 존재할 수 없습니다. 모든 직원과 그 가족들이 아무 근심 없이 먹고살게 해주는 능력이 있다면 고객은 왕입니다. 왕이라는 어휘에 '만족'이라는 말도 부족합니다. 신하의 처지에서 왕을 떠받들고, 감동을 줘 결국은 만족하게 해야 합니다. 이를 위해서는 먼저 고객 불만을 잘 처리해야 한다고 생각합니다. 저도 한 회사의 제품에 하자가 발생하여 강하게 불만을 제기한 적이 있습니다. 지금 와서 생각해보면 저는 그 기업에 기회를 준 것으로 생각합니다. 제가 그냥 입을 다물고 지나쳤다면 그 기업은 제품의 하자를 알 기회가 없었을 것이고, 저를 포함해 더 많은 고객을 잃을 수도 있었을 것입니다. 저는 불만을 표현해주는 고객이야말로 우리 기업을 살리는 소중한 분이라고 생각합니다. 불만족 처리부터 고객이 만족할 때까지 책임을 질 수 있는 인재로 성장하고 싶습니다.

■ 구매 및 자재 관리팀

제품 생산을 위해서는 적절한 시기에 적절한 가격의 원료 및 재료와 자재 등이 투입되어야 합니다. 제품 생산뿐만 아니라 회사가 운영되는 데 필요한 물품들의 구매 및 보관도 필요합니다. 이를 위해서는 구매 전반에 걸쳐 효율적으로 관리할 수 있는 능력이 필요하다고 생각합니다. 저는 다행히도 군대에서 이와 같은 업무를 경험했습니다.

이 업무를 위해서는 단편적인 업무 처리 기술이 아니라 종합적인 관리 능력이 있어야 합니다. 이와 함께 협상력, 설득력, 분석력, 세심함 등의 역량도 필요합니다. 저는 군대에서의 업무 경험을 통해 이와 같은 역량들을 이미 갖춘 사람입니다.

■ 국외영업팀

이제 기업은 외국에서 적극적으로 수익을 창출해야 합니다. 이러한 면에서 외국과의 FTA 체결을 눈앞에 둔 지금 국외영업의 위상이 더 커질 수밖에 없을 것입니다. 기업의 흥망성쇠를 결정할 수 있는 분야에 뛰어들어서 커다란 역할을 하고 싶어 하는 것은 이 땅의 젊은이로서 당연히 가져야 하는 포부가 아닐까 합니다.

제가 국외영업 분야에서 일하고 싶은 이유는 두 가지입니다.

첫 번째는 직장생활을 통해 애국자가 되고 싶은 열망 때문입니다. 저의 할아버지는 일본강점기 때 독립군으로 활동하신 진정한 애국자이시고, 아버지는 베트남전에 참전하셔서 상이용사가 되신 분입니다. 이제 제가 그 피를 이어받고자 합니다. 기업을 하는 사람을 애국자라고 합니다. 저는 기업을 하는 사람이 아니므로 애국자가 되는 방법은 국외영업에서 성과를 내는 일이라고 생각합니다. 저는 반드시 귀사에서 애국자가 되고 싶습니다. 귀사는 창업 때부터 외국시장을 공략하여 성공을 거둔 애국 기업이기 때문입니다. 두 번째는 국외영업에서 성과를 낼 수 있는 저의 역량 때문입니다. 저의 강점으로 말씀드린 유창한 외국어 실력, 적극성, 대담성, 커뮤니케이션 기술, 도전 정신, 끈기 등은 제가 이 분야에서 핵심 인재로 성장할 사람이라는 것을 충분히 설명해 준다고 확신합니다.

당신은 어떤 경험을 했습니까?

기업이 지원자의 역량을 판단하는 기준은 바로 지원자의 과거다. 기업은 지원자의 '과거'가 궁금하다. 앞서 밝혔듯이 역량 평가의 핵심 기준은 '과거의 성취 경험'이다. 지원자의 과거를 유심히 바라보면서 그의 미래를 미리 판단한다. 이제 기업이 지원자의 경험에 왜 그렇게 관심이 많은지 이해가 갈 것이다. 게다가 경험을 물어볼 때 어떻게 답을 해야 하는지도 알 수 있을 것이다.

면접관: 당신은 대학에서 어떤 경험을 하였습니까?

홍길동: 저는 학과에서 학생회 활동을 하였고, 다양한 아르바이트를 경험하였고, 동아리 활동도 하였고, 2학년 때부터는 봉사활동도 하였고, 4학년 1학기에는 인턴 경험도 하였고… 한마디로 저의 대학생활은 다양한 활동의 연속이었다고 말할 수 있습니다.

TIP 참으로 활동적인 지원자이고, 열심히 살아왔다는 느낌은 지울 수가 없다. 그러나 뭔가 중요한 것이 빠졌다. 얼마나 많은 활동을 했느냐의 여부도 중요하지만, 이보다 더 중요한 것은 그러한 경험들을 통해 무엇을 얻었느냐 하는 것이다. 여기서 말하는 '얻은 것'이란 역량으로 표현하는 것이 좋다. 이때 나열식으로 일일이 경험을 다 이야기할 필요는 없다. 가장 중요하고 기억에 남는 순간을 중심으로 이야기하는 것이 좋다.

면접관: 당신은 대학에서 어떤 경험을 하였습니까?

홍길동: 대학교 1학년 때 학술제에서 발표할 불어연극 「미녀와 야수」의 참가자를 모집한다는 소식을 들었습니다. 참가자는 연출부와 연기자 중 하나를 선택할 수 있었습니다. 저는 외고 출신이나 프랑스 거주 경험이 있는 동기와의 실력 차로 주눅이 들어 있었고 전공 실력도 좋지 않았습니다. 하지만 용기를 내어 배우역으로 참여를 자청했습니다.

대본 리딩과 발음 모두 어설픈 상태였던 저는 더 잘하고 싶은 마음에 시간이 날 때마다 원어민 교수님께 찾아갔고, 다른 동기들에 비해 두세 배의 시간을 들여 지도를 받았습니다. 한 달 넘게 매일 두세 시간씩 연습하다 보니 차츰 불어에 자신감이 생기기 시작했습니다. 연극을 일주일 앞두고부터는 밥을 먹을 때나 화장실에서조차 대사를 연습했고 덕분에 무사히 연극을 마칠 수 있었습니다.

1학년 때의 연극은 그해 학술제 발표 1등을 차지해 제일 큰 액수의 상금을 받았습니다. 이를 통해 시작점이 남들과 다를지라도 꾸준한 노력과 열정이 더해지면 결국 해낼 수 있다는 것을 배웠습니다.

● 인생에서 가장 보람 있었던 순간은 언제였는가?

대학 1학년 때 국토순례단으로서 전국을 도보로 일주한 적도 있고, 외국에서 해비타트 활동을 하며 제 손으로 난민들에게 살 곳을 만들어서 입주하는 모습도 보았지만, 가장 보람을 느꼈던 때는 제대 후에 OO산업에서 인턴으로 일하며 받은 첫 월급을 전부 부모님께 드렸을 때입니다.

졸업 후 취업을 하지 못해 걱정을 끼치지는 않을 것 같다며 좋아하시는 모습을 보았을 때가 보람의 순간으로 떠오릅니다.

● 인생에서 가장 슬펐던 때는 언제였는가?

고등학교 1학년 때 아버지께서 돌아가셨을 때 가장 슬펐습니다. 당시에 저는 현실을 잘 느끼지 못하고 철없이 슬퍼하기만 했습니다. 그런데 지나고 성인이 되어 생각해보니 사랑하는 이의 죽음이 슬프셨겠지만 동시에 자식들에 대한 더 큰 책임감으로 장례식 내내 의연해지려 노력하셨던 어머니 마음이 조금은 헤아려지는 듯하고, 그래서 지금은 그때를, 당시의 어머니를 생각하면 더욱 마음이 아픕니다.

● 인생에서 가장 기뻤던 일은 무엇인가?

나름 많은 성공의 경험과 기쁨의 기억이 있습니다만, 그중에서도 OO대학교 XX학과에 합격했을 때의 기쁨이 무척 컸습니다. 면접관님께서는 OO대학교 XX학과라고 하면 그리 대단하다 생각지 않으실 수도 있겠지만, 사실 고1 때의 제 성적으로는 꿈도 못 꿀 곳이었습니다. 하지만 그곳을 목표 삼아 고등학교 3년 동안 공부에 매진하고 전진한 결과 꿈을 이룰 수 있었기에 큰 기쁨을 얻을 수 있었습니다.

● 살아가면서 겪은 실패 경험은?

대학교 2학년 때에 동아리 회장을 맡게 되었는데, 2학기까지 임기를 다 채우지 못하고 9월에 군대에 간 일이 있습니다. 2학년으로 올라가서 선배가 되자 성적 관리와 동아리 활동의 균형을 잘 잡지 못하게 되어 방황하기 시작하던 차에 영장이 나왔고 도망치듯 군대에 갔습니다. 그 후 저 때문에 동아리 활동이 어려워졌다는 죄책감을 오래도록 갖게 되었습니다.

● 실패를 어떻게 극복했고, 무엇을 얻었는가?

앞서 말씀드린 일은 20대 초반에 제가 성장해가는 과정에서 '책임을 지는 것'에 대한 중요한 교훈을 얻을 수 있었던 사건이었습니다. 군 생활 내내, 그리고 복학해서 한동안 미안한 마음에 동아리 친구들과 자연스레 어울리지 못하고 불편한 관계를 이어갔습니다. 이러한 경험을 통해 '어려움을 피한다고 그 일이 해결되지는 않고 오히려 또 다른 난관을 낳을 수 있다. 문제는 부딪혀 풀어낼 때만 해결된다!'라는 걸 깨달았습니다.

그 이후로 난관과 마주치는 것을 즐길 정도로 저의 태도를 바꾸는 기회로 작용하였습니다. 그러고 나자 동아리 사람들과도 좋은 관계가 회복되었습니다.

● 돈을 벌어본 경험이 있나? 있으면 어디서 얼마를 벌었으며, 무엇을 얻었나?

호주에서 어학연수를 할 때 AAPT라는 회사, 즉 우리나라로 치면 온세텔레콤 정도 되는 통신회사의 Door to door salesman으로서 3개월간 아르바이트를 한 적이 있습니다. 국제전화와 장거리 시외전화 서비스를 방문판매 하는 일이었습니다. 당연히 현지인 가정을 방문해야 했고 영어 실력과 더불어 적지 않은 용기가 필요한 일이었습니다. 어학연수 특성상 현지인과의 접촉이 제한되는 상황에서 가급적 현지인을 많이 만나고 싶었고, 방문판매가 영어 학습에서 도전 과제라는 마음으로 시작했습니다. 아시아계 이민 가정을 중심으로 약 열다섯 건 정도 계약을 했는데 비록 성공적인 세일즈라고 할 수는 없지만, 영어회화 실력의 비약적인 성장과 저 자신에 대한 신뢰가 매우 높아졌고, 자신감이 크게 향상되는 기회였습니다.

● 헌혈 한 적이 있는가? 있다면 왜 했는가? 없다면 왜 안 했는가?

지금까지 헌혈을 20회 이상 하였습니다. 마니아까지는 아니라도 스스로 찾아가서 하는 편입니다. 저는 헌혈뿐만이 아니고 골수 기증 신청자이기도 합니다. 제가 지금껏 살아오면서 특별히 누군가를 위해 저 자신을 헌신한 적이 얼마나 있나 생각해 봤습니다. 오히려 저 자신도 모르게 누군가에게 피해를 주거나 그들의 건강을 해치는 짓을 조금이라도 하지 않았을까 하는 생각을 합니다. 별 의미 없이 찡그린 얼굴이 누군가의 기분을 불편하게 했을 수도 있고, 제가 즐기는 어떤 기호식품이 아프리카에 사는 한 어린이의 고통을 바탕으로 만들어진 것이었을지도 모릅니다. 제 피로 누군가가 건강해진다면 저의 그런 부지불식간의 가해를 상쇄하지 않을까 하는 바람이 있는 것이지요. 그러다 골수 기증이라도 해서 누군가의 생명을 구할 수 있다면 정말 기쁠 것 같습니다.

● 봉사활동을 하면서 가장 기억에 남았던 것은 무엇인가?

아이러니하게도 봉사활동의 추억보다는 봉사활동을 하는 저의 '저의(底意)가 무엇인가?'에 대해 진지하게 고민하던 때가 가장 강렬한 기억으로 남습니다.

학교를 통한 농촌 봉사활동과 저소득층 놀이방 봉사활동, 교회 봉사팀에서의 정기적인 봉사활동 등 나름대로는 봉사활동을 좀 해본 편이라 생각합니다. 그런데 지난해 음성 꽃동네에서 죽음을 기다리는 환자들을 돌보는 봉사활동을 한 적이 있습니다. 이전에 장애우들이나 빈곤층을 돕는 일을 할 때는 그리 생각이 복잡한 적이 없었는데, 이때에는 몸보다 마음이 더 힘들었고 문득 '나는 왜 봉사활동을 하는가?'라고 자문을 하게 되었습니다.

'내가 우월해서? 나는 좋은 사람이니까? 남들에게 보여주기 위해서? 좋은 일 했다는 만족감을 얻으려고?' 여러 가지 생각이 들었지만 명확하게 답을 내리지 못했고, 한동안 봉사활동도 할 수 없었습니다. 다시 봉사활동을 시작했을 때는 '누군가의 손길이 필요하기에 내가 할 수 있는 일을 하자'라는 처음 마음으로 돌아갔을 때였습니다. 아직도 정확한 답을 찾고 있지는 못하지만 제가 필요한 곳이 있다면 꾸준히 저를 내놓을 생각입니다. 언젠가는 답을 찾지 않겠습니까?

● 졸업 후 지금까지 무엇을 했는가?

선배들을 보면서 직장생활을 시작하고 나면 자기개발을 위해 별도로 시간을 내기가 쉽지 않다는 것을 알게 되었습니다. 그래서 졸업 후 지금까지 주어진 시간을 저 자신의 발전을 위해 활용해 왔습니다. 국제무역을 목표로 두고 있기에 영어 실력의 향상뿐만 아니라 국제무역사, 무역영어와 같은 연관 자격증도 획득하고, '체력은 국력! 건강해야 성공도 할 수 있다!'라는 생각으로 마라톤도 꾸준히 해서 지난달에는 통산 세 번째 전 구간 완주를 해냈습니다. 이제 OO기업에서 제 능력을 발휘할 모든 준비가 되어 있습니다!

● 왜 작년에 취업하지 못했는가?

작년까지는 직장생활이 어떤 것인지, 그래서 어떤 마음가짐으로 무엇을 준비해야 하는지 갈피를 잡지 못했다고 생각합니다. 제 능력과 특성을 냉정하게 평가해서 그에 맞는 직업과 회사를 선택하고 그에 맞추어 준비해야 했었는데 지금 생각하면 너무 몰랐다고 할 수밖에 없습니다. 실제 사회와 그 사회를 제대로 경험하지 못한 학생으로서의 간극이 있음을 잘 몰랐던 것입니다. 하지만 지금은 그때의 시행착오가 도리어 바람직한 경험이 되어주었습니다. 그 시간 동안 진지하게 진로를 다시 생각할 기회를 주었고, 1년간 사회의 선배들을 만나서 정말 무엇이 필요한지 생생한 말씀을 많이 들을 수 있었습니다. 제 발전을 생각한다면 작년에 취업하지 못한 이유는 올해에 저의 발전이 기다리고 있었기 때문이 아닐까 합니다.

● 인턴 경험이 있다면 자세하게 설명해보라. 이를 통해 무엇을 얻었는가?

2년 전, 1년간 넥슨이라는 게임회사에서 인턴을 했습니다. 사업팀에서 각 게임 프로젝트의 브랜드 PM을 보조하는 역할이었습니다. 새로운 게임의 기획에서부터 개발 중인 게임을 시장의 요구에 맞추는 개발팀의 일과 출시 전후에 마케팅에 집중하여 시장의 게이머들과 소통하는 두 가지 영역의 중요한 일이었습니다. 비록 인턴으로서 보조하는 일이 많았지만 수백억 원짜리 프로젝트의 진행 과정을 이해하고 시장에 론칭하는 과정을 배울 수 있었습니다. 또한 게임회사의 특성상 자유분방하면서도 개별 팀원들에게 많은 책임이 요구되는 조직을 경험할 수 있었던 것이 큰 성과였습니다. 경직되고 관료적인 조직도 게임회사와 같이 유연하고 개방적인 조직 문화들을 더 많이 취하려 하는 추세 속에서 특히 귀사와 같은 창의성이 높이 요구되는 조직 분위기에 맞는 경험이었다고 여겨집니다.

● 학교 밖에서 한 활동들은 어떤 것이 있는가? 있다면 자세하게 설명해보라. 이를 통해 무엇을 얻었는가?

성당의 장애우 봉사활동팀에 참여하여 1주일에 1회씩 지역 복지관에 활동을 나갔습니다. 장기적이고 꾸준히 이뤄진 팀의 활동이라서 단순히 낭만적인 봉사활동 이상의 책임감 있는 활동이었습니다. 처음에는 그들을 동정하는 마음으로 시작했었습니다. 하지만 활동을 하고 그들을 만나갈수록 오히려 정상인이라고 하는 내가 또는 우리가 더 장애인일 수 있다는 생각을 많이 하게 되었습니다. 몸이 장애인 것보다는 사고방식과 정신이 장애인 것을 더 경계해야 한다고 생각합니다.

그리고 라틴댄스 동호회에서 라틴댄스를 배웠습니다. 댄스는 몸매의 탄력뿐 아니라 정신 건강의 탄력까지 주는 매우 좋은 운동입니다. 또한 삶의 문화적 수준을 올려줌으로써 인생의 만족도를 향상시킬 수 있는 매우 풍요로운 문화활동이라 생각합니다.

● **대학 때 공부 말고 몰두했던 것은 무엇인가? 이를 통해 무엇을 얻었는가?**

군대에 다녀온 이후 주식에 관심을 많이 뒀습니다. 주식시장은 자본주의의 꽃이라는 말도 있지만, 주식시장은 자본주의 경제를 이해하는 지름길이라 생각을 했습니다. 관련 책을 보는 것은 기본이고, 주식투자 세미나를 찾아다니고 모의투자대회에 여러 번 참가 했었습니다. 아르바이트를 통해 모은 돈으로 실제 투자도 해보았습니다. 아직은 주식시장 흐름에 대한 통찰력을 가질 수 있을 정도의 수준은 못되지만, 주식시장을 중심으로 금리, 환율, 부동산 등 주요 경제 지표들의 관계를 읽는 법을 조금이나마 알게 되었습니다.

● **동아리 활동을 했는가? 했으면 무엇을 했나? 이를 통해 무엇을 얻었는가?**

대학생활 내내 역사연구회라는 학술 동아리 활동을 했습니다. 주로 근대사를 열심히 공부하였는데 교과서에서 배운 것과는 다른 관점의 역사를 연구하려 노력하였습니다. 우리가 잘못 아는 사실이나 간과하고 지나친 역사가 참 많습니다. 그러한 것을 균형감 있고 더욱 발전적인 관점에서 알게 되면서 '현상'보다는 '본질'을 보려는 습관이 길러지게 되었습니다. 현상만을 보아서는 대안을 찾을 수 없고 올바른 방향성도 알 수 없지만, 그 속에 깔린 본질을 이해하면 문제의 해결책에 더욱 쉽게 접근할 수 있습니다. 이는 단지 역사에만 적용되는 것이 아니고 모든 사물 현상에 적용될 수 있습니다. 이제는 학문이 아니라 사회인으로서 저의 업무를 해결해 나가는 데 큰 도움이 될 훈련이었다고 생각합니다.

● 기억나는 여행지는 어디인가? 그 이유는?

여행은 목적지와 상관없이 그 자체로 추억이 되는 힘이 있습니다. 유럽 일주도 해보았고, 아시아 여러 나라도 여행을 해보았습니다. 어느 곳 하나 쉽게 잊히지 않지만, 대표적인 곳을 꼽으라면 우리나라의 제주도와 한려수도를 뽑고 싶습니다. 비 온 직후에 안개에 쌓인 통영 앞바다의 한려수도 섬들은 차분하면서도 청량한 아름다움이 일품입니다. 또한 제주의 깨끗하고 다채로운 아름다움과 즐거움은 굳이 설명 안 드려도 잘 아시리라 생각합니다.

많은 사람이 외국을 여행한 기억을 손꼽을지도 모릅니다. 하지만 저는 외국의 여러 곳을 둘러보고 나서 다시 발견한 우리나라의 깊은 매력이 머릿속에 잊히지 않습니다. 남의 아름다움을 발견하는 것도 크지만 내 안의 가능성을 발견하는 기쁨만 하지는 못한 것 같습니다.

● 여행지에서 어려움에 빠져본 적이 있는가? 있다면 어떻게 극복하였는가?

영국에서 어학연수를 할 때였습니다. 밤 문화를 체험하자며 친구와 런던 소호 거리를 배회하다가 뒷골목에서 호객꾼의 달콤한 유혹에 속아 어느 술집에 가게 되었습니다. 대단할 것도 없는 술집이고 맥주 몇 병과 기대에 한참 못 미치는 서비스였지만 거의 백여만 원에 상당하는 술값을 보고는 우리는 당황하지 않을 수 없었습니다. 아시아의 어수룩한 학생들을 봉으로 생각하고 바가지를 제대로 씌운 것이었죠. 덩치 큰 bouncer들의 협박에 공포마저 느낄 지경이었던 우리는 여행자수표밖에 없다며 그것으로 계산하고 빠져나왔습니다. 여행자수표는 발행시점 사인과 지급시점 사인이 일치하지 않으면 효력이 없다는 점과 한글로 된 사인이 영국인들에게 익숙하지 않을 것이라는 점에 착안하여 사인을 조금 어설프게 해서 결제를 하고 나왔고, 바로 경찰에 여행자수표 분실신고를 했습니다. 결국 그 여행자수표 결제 건은 무효처리가 되어서 저희는 돈 한 푼 안 들이고 아찔하고 교훈적인 경험을 할 수 있었습니다. 이젠 외국여행 시에 지나친 모험은 자제하려 합니다.

● **학창 시절 가장 뿌듯했던 경험은? 왜 뿌듯했는가?**

세상의 모든 일은 동료와의 협력이 이루어질 때, 시너지효과를 발휘한다고 생각합니다.

2012년, 대학교 4학년 여름방학 때 '해피무브' 해외봉사단으로서 2주 동안 베트남에서 건축봉사와 문화공연을 했습니다. 저희 팀은 〈각설이 타령〉 노래에 맞춰 익살스러운 안무를 만들고, '셔플', 몸개그 등 다양한 퍼포먼스를 준비했습니다. 연습시간이 부족해서 팀원들과 서로 의지하고 협력하며, 매일 하루에 7시간씩 4시간만 자며 연습했습니다. 그렇게 공연 날이 됐고, '각설이' 공연은 관객 모두에게 기립박수를 받으며 성공적으로 끝났습니다. 서로 간의 믿음과 협력이 없었더라면 불가능했을 것으로 생각합니다.

이제는 파이롯트 부서에서 팀원들과 서로 협력하여 신차의 품질 개선을 위한 피드백이 원활히 이루어질 수 있도록 기여하겠습니다.

● **학교 다니면서 가장 열정적으로 했던 일은 무엇인가?**

동아리나 동호회 등 다양한 활동을 했었지만 가장 열정적이었던 일은 바로 사람을 사귀고 관계를 이어가는 일이었습니다. 여러 단체 활동의 목적도 결국은 '사람'이었습니다. 노부모님의 늦둥이로 태어난 저는 어려서부터 친구 욕심이 많았습니다. 지금은 그렇게 관계를 만들어 온 그 모든 사람이 저의 가장 큰 자산입니다. 현재 저의 휴대전화에는 500명의 연락처가 입력되어 있습니다.

● 학창 시절 학업 외에 자신이 중요하게 여긴 부분을 세 가지만 설명하시오

'가치관, 가족, 사람', 이 세 가지를 말씀드릴 수 있겠습니다. 수신제가치국평천하(修身齊家治國平天下)! 장부로서 어떻게 살아가야 할지 잘 표현한 문장이라 생각합니다. 제가 항상 중요하게 생각하는 것들도 이 문장 속에 담겨 있습니다.

첫 번째로 '가치관'은 학업과 더불어 수신(修身)에 해당하는 부분입니다. 가치관은 가치 판단의 기준이 되는 관점이며 세상을 바라보는 사상입니다. 가치관을 잘 세우지 못하면 제 능력은 불필요하거나 때로는 위험한 칼날이 될 수도 있습니다. 따라서 학업 뿐만 아니라 올바른 가치관을 함양하여 세상에 이로운 방향을 잡는 것은 기초이자 중요한 덕목이라 생각합니다.

두 번째로 '가족'은 제가(齊家)에 해당하는 부분입니다. 가족은 저의 뿌리이고 출발점이자 성공을 위한 힘의 원천이면서, 인생의 목표이기도 합니다.

세 번째로 '사람'은 치국평천하(治國平天下)에 해당한다고 말씀드릴 수 있겠습니다. 꼭 거창하게 나라의 권력을 좌우하고 천하를 안 돈 것만을 말하는 것은 아닙니다. 가깝게는 친구와 같은 인적 네트워크를 잘 쌓고, 멀리는 제가 속한 사회 속에서 '사람'들을 이해할 수 있다면 제가 몸담은 분야에서 성공하여 제 가치를 높이는 초석이 될 것입니다.

● 반장이나 과대표 등을 해본 적이 있는가? 없다면 그 이유는? 있다면 어떤 리더였는가?

초등학교 때부터 꾸준히 반장을 해왔고 대학교 때에는 과대표를 했습니다. 학교뿐만 아니라 어떤 모임에 가서도 주도적 역할을 하는 편입니다. 적극적인 성격 덕에 무리를 따라가기보다는 솔선하고 주도하는 역할을 더 편하게 여기게 된 것 같습니다.

저의 리더십 스타일은 배려심 많은 용장 스타일이라고 말씀드릴 수 있습니다. 매사 헌신하고 솔선해서 일을 적극적으로 이끌고 나가는 과감성도 있지만, 중요한 결정을 하기까지 구성원 하나하나의 의견과 정서를 세심하게 배려하여 동참을 이끄는 방향으로 분위기를 만들어 갑니다. 그렇게 만들어진 합의와 결정 위에서 과감하게 일을 추진하는 스타일입니다. 그런데 "후계자를 만들지 못하면 이룬 것이 하나도 없다"라는 혼다 소이치로의 리더십에서 느낀 바가 있어서 이제는 제게 리더의 역할을 줬을 때 한 가지를 더 노력하고 있습니다. 그것은 구성원 하나하나가 리더가 될 수 있도록 배려하는 것입니다. 일을 추진하기 위해서 합의를 구하는 대상이 아니라 그들 하나하나가 책임감 높은 리더가 될 수 있도록 하는 것이 더욱 훌륭한 리더의 자질이라 생각하고 노력하고 있습니다.

● 리더십의 정의와 종류에 대해 설명해보시오

리더십이란 어떠한 목표를 위해 구성원 각자의 재능을 한껏 살리면서 구성원 간의 조화를 이끌어내는 능력이라고 생각합니다. 서점에 가보면 리더십에 관련된 책들이 아주 많습니다. 이 책들을 읽어보면 자신이 최근의 상황에 가장 들어맞는 리더십이라고 주장합니다.

저는 이토록 다양한 리더십에 대한 주장들을 보면서, 리더십에는 크게 권위적인 리더십과 부드러운 리더십이 있다고 생각했습니다. 각자의 개성 존중이 중시되는 현대사회, 특히 요즘과 같은 위기상황에서는 조직원의 창의성을 최대한 끌어낼 수 있는 리더십이 진정한 리더십이라고 생각합니다. 이를 위해서는 유머러스하게 조직의 분위기를 살리거나 칭찬으로 구성원의 능력을 이끌어내되, 구성원간의 이해관계가 상충하는 선택의 순간에는 결단력을 갖고 효율적인 결정을 내리는 리더십이 반드시 필요하다고 생각합니다.

● 도전과 열정에 대해 말해보시오

인생 자체가 도전의 연속이라고 생각합니다. 인생을 살아가는 누구나 끊임없는 도전의 순간을 마주하지만, 열정이 있는 자만이 도전에 응하여 결실을 본 뒤 다음 도전으로 넘어갈 수 있는 것이 아닐까 합니다.

제가 가장 좋아하는 스포츠인 축구를 예로 말씀을 드리겠습니다. 아무리 실력이 뛰어나도 열정이 없다면 위대한 선수로 성장할 수 없지만, 실력이 조금 뒤처지고 비록 남들이 알아주지 않는다 하더라도 끝까지 포기하지 않는 뜨거운 열정이 있다면 결국 박지성과 같은 선수가 되지 않을까 합니다.

군대를 갔다 온 후, 취업 준비를 하면서 저는 귀사의 가족이 되기 위한 도전을 해왔고, 그 어떤 곳보다 경쟁이 치열한 곳이기에 열정을 불사르지 않을 수 없었습니다. 그리고 국외영업 부분에서 열정을 다해 귀사의 제품이 전 세계 곳곳에서 고객의 사랑을 받을 수 있도록 하는 것이 저의 다음 도전입니다. 부디 다음 도전으로 넘어갈 수 있게 도와주십시오!

● 불가능한 일에 도전한 경험이 있는가?

고등학교 시절 가수의 꿈을 가졌습니다. 당시 가수는 꽃미남 아이돌 그룹이 대세를 이루고 있었습니다. 저는 꽃미남 스타일의 얼굴도 아니고, 또한 여드름이 굉장히 심하게 나서 방송에 적합한 외모는 아니었습니다. 게다가 한눈팔지 말고 공부를 잘해서 좋은 대학에 가는 것을 원하셨던 부모님의 기대를 생각하면, 감히 입 밖에 꺼낼 엄두도 내지 못할 꿈이었습니다.

하지만 지금 도전하지 않으면 평생 후회할 것이라는 생각과 동시에 가수가 너무나 되고 싶은 마음에 수차례 오디션의 문을 두드렸습니다. 결국 남자 그룹을 뽑는 한 기획사의 오디션에서 높은 경쟁률을 뚫고 열 명 이내에 들었지만, 여드름 때문에 안 된다는 말을 듣고 최종 탈락해 상처를 받기도 했습니다. 제가 오디션을 통과해서 가수가 되는 것이 불가능한 일은 아니었음을, 그럼에도 무척 이루기 어려운 일이라는 것을 알았음에도 최선을 다해 도전했던 경험이었기에 생각이 납니다.

● 능력보다 높은 목표를 설정해서 어떠한 일을 수행해본 경험이 있는가?

어릴 때부터 습관적으로 조금 높은 목표를 설정해 왔습니다. 목표를 높게 설정해놔야 적어도 그 근처까지 갈 수 있다고 강조하시는 아버지의 말씀 때문이었습니다.

최근에 높은 목표를 설정했던 일은 뉴욕에 어학연수를 갔을 때의 일이었습니다. 저는 8개월 동안 일주일에 한 명꼴로 외국인 친구를 사귀어서, 모두 서른세 명의 친구를 만드는 목표를 세운 적이 있습니다. 결과적으로 스물아홉 명의 친구를 사귀었습니다. 물론 목표를 달성하지는 못했지만, 봉사와 크러빙(Clubbing) 활동 등을 통해 적극적으로 다가간 결과 다양한 인맥을 쌓을 수 있었습니다. 어학연수생이 누릴 수 있는 것 이상으로 뉴욕을 깊숙이 경험할 수 있었던 것도 이때 사귄 친구들 덕분이었습니다.

● 의도하지 않았거나 상황이 뒷받침되지 않는 상황에서 어떤 프로젝트를 수행한 경험이 있는가?

대학교 3학년 때 수강한 국제커뮤니케이션 수업 종강파티 때였습니다. 추첨을 통해 뽑힌 사람에게 중국을 다녀올 수 있는 비행기표를 주고, 중국의 변화에 관한 발표를 하도록 했고 놀랍게도 제가 당첨되었습니다.

갑작스러운 상황이라 아무런 준비가 되어 있지 않았지만, 저는 빠르게 발전하는 중국의 모습을 보려고 상하이를 선택했습니다. 다행히도 당시 중국에서 유학하고 있던 여동생이 동행하며 많은 도움을 줘서 짧은 기간이었지만 여행객들이 보는 것보다 조금 더 깊이 중국을 관찰할 수 있었고 이해할 수 있었습니다. 상하이에 대한 조사를 마친 후, 상대적으로 덜 개발된 난징 지역을 둘러보기도 했습니다. 4박 5일간의 짧은 일정이었지만, 엄청난 성장을 한 중국의 현재를 볼 수 있었습니다. 귀국 후, 저는 영상물로 제작해서 교수님과 학우들 앞에서 발표했고, 좋은 평가를 받았습니다.

● 의도하지 않은 상황에서 어떤 조직을 이끌어본 경험이 있는가?

대학교 1학년 때 글로벌 마인드를 갖고자 다른 나라를 경험해야 하겠다는 목표를 세웠습니다. 이 목표를 달성하기 위해 열심히 아르바이트했고, 이때 모은 돈으로 처음으로 가본 나라가 독일이었습니다. 당시 독일에서는 2006년 월드컵이 개최되고 있었습니다. 저는 독일에 간 김에 한국과 토고의 경기를 관전하기로 마음을 먹고, 경기가 열리는 프랑크푸르트로 갔습니다. 현지에는 이미 수많은 한국인이 와서 응원 분위기를 고조시키고 있었습니다.

그러나 개별적인 집단을 하나로 묶지 못해 응원 열기가 분산되고 있었습니다. 갑작스레 저는 급조된 응원단의 리더를 맡게 되었습니다. 아마 제 목소리가 컸기 때문일 것입니다. 저는 응원단의 리더로서 붉은악마가 아닌 채 개인적으로 경기장을 찾은 한국인 중 쉽게 무리에 섞이지 못하고 겉도는 분들이나 정보가 부족해서 헤매는 분들을 적극적으로 흡수하여 경기 내내 함께 열정적으로 응원하였습니다.

독일여행을 끝내고 한국으로 돌아왔을 때, 방송에서 저를 봤다는 사람들의 인사를 수도 없이 받았습니다. 정말 잊을 수 없는 경험이었습니다.

● 어떠한 일을 창의적으로 개선해본 경험이 있는가?

구청 민원실에서 공익근무를 했을 때, 유독 한 창구로 업무가 몰려드는 일이 많았습니다. 그러다 보니 그 창구를 맡은 공익근무요원의 불만이 상당했고, 심지어는 요원들 간에 반목이 생기는 일이 다반사였습니다. 그러나 불평만 할 뿐 아무도 어떻게 바꿔보려고 하지는 않았습니다. 근무 중에 불평이 늘어날수록 서비스를 받는 시민의 불만도 정비례하여 늘어날 수밖에 없었습니다.

저는 해당 창구의 담당 공무원에게 업무 재배치의 필요성과 인원 보충의 당위성을 이야기했습니다. 결국 업무가 몰려드는 해당 창구를 두 명이 보도록 변경하고 업무를 순환제로 바꾸는 데 성공했습니다. 그뿐만 아니라 공무원들로부터 안일한 자세로 일하지 않고, 애착을 두고 공익 생활을 한다는 칭찬도 받았습니다. 별것 아닌 일인지도 모르겠지만, 보수적인 공직 분위기와 공익근무 중이라는 상황을 고려하면 창의적이었다고 생각합니다.

● 시대가 빠르게 변화하고 있다는 것을 체감했을 때는 언제고, 어떻게 했는가?

20대 초·중반에 패션에 많은 관심이 있었고, 저 자신도 유행을 선도하는 사람 중 한 사람이라는 생각도 했습니다. 30일간 유럽여행을 마치고 한국에 돌아오니 그 짧은 시간에 유행하는 스타일이 엄청나게 바뀌어 있는 것을 보면서, 제가 유행을 선도한다기보다는 한참 뒤처져 있다는 것을 알 수 있었습니다. 그때까지 믿고 있었던 유행을 선도해 온 것이 아니라 단지 빠르게 따라가는 데 지나지 않았다는 것을 깨닫고는 자신만의 개성을 찾는 것이 중요하다는 것을 느꼈습니다. 그 후로 급변하는 유행 속에서도 언제나 빛날 수 있는 저 자신만의 스타일을 찾기 위해 노력했고, 현재는 어느 정도 그것을 찾았다고 자부합니다. 직장생활을 하는 데 있어서 패션 감각도 중요한 역량이라고 생각합니다. 이러한 면에서 저는 좋은 역량을 갖춘 사람이라고 말씀드리고 싶습니다.

● 무엇인가를 하고 싶어서 특별한 기술 등을 배운 경험이 있는가?

군에서 제대하고, 3학년에 복학하여 전공 공부와 취업 준비에 심혈을 기울였습니다. 2학기 말이 되면서 단순하게 반복되는 생활에 슬럼프에 빠지는 것이 아닌가 하는 걱정이 된 적이 있었습니다. 뭔가 삶에 변화가 있었으면 하는 마음과 성장하는 모습을 매일 느낄 수 있었으면 하는 마음에서 새로운 것을 배워보기로 하였습니다.

그때 친구들과 재즈 공연을 보게 되었는데, 영혼을 울리는 소리에 매료되었습니다. 특히 심장 고동과도 같은 드럼 소리는 저의 혼을 빼놓았습니다. 저는 바로 음악학원에 등록하여 드럼을 배우기 시작했습니다. 지금은 중급 정도의 실력을 자랑합니다. 음악학원 동료와 무대에 서보는 게 저의 작은 목표입니다. 귀사의 가족이 되면, 직장생활을 하면서 스트레스 해소를 하는 데 이를 적극적으로 활용하도록 하겠습니다.

● 남들이 시켜서 억지로 한 일이 있는가?

초등학교 때 피아노 레슨이 너무 싫었습니다. 부모님께 정말 하기 싫다고 떼를 써도 소용이 없어 일부러 피아노 선생님께서 초인종을 눌러도 열어주지 않고 아무도 없는 척하곤 했습니다. 그렇게 억지로 4년을 배운 뒤에야 그만둘 수 있었는데, 얼마나 질렸는지 그 뒤로 한 번도 피아노 앞에 앉지 않아 지금은 양손 연주도 어려운 지경입니다.

한동안 아무런 미련이 없었는데 어느 날, 재즈의 아름다운 선율에 매력을 느끼고서는 피아노를 놓아버린 것이 너무 후회되었습니다. 그래서 지금은 어떤 일이든 해두면 나중에 다 도움이 될 것이라는 생각으로 노력하고 있습니다.

● 조직을 위해서 헌신해본 경험이 있는가?

어떤 조직에 속하든지 일단 소속이 되면 헌신적으로 참여하는 성격입니다. 어릴 때부터 아버지께서 "네가 하기 싫은 일은 남에게도 강요하지 마라"라고 가르치셔서, 귀찮거나 까다로운 일을 모두 꺼릴 때 제가 나서서 맡는 경우가 많았습니다.

대표적인 사례로 조기축구에서 골키퍼를 맡았던 일을 말씀드리고 싶습니다. 올해 초 친구들끼리 조기 축구팀을 결성했는데, 아무도 골키퍼를 맡고 싶어 하지 않아서, 자칫하면 골키퍼 없는 팀이 될 위기에 몰렸습니다. 저는 어렸을 때부터 미드필더로 활약을 해왔지만 자진해서 골키퍼를 맡았습니다. 물론 몸을 아끼지 않고 날려 공을 막아내는 바람에 팔다리는 항상 상처투성이지만, 이 덕분에 저희 팀은 지금까지도 탄탄한 팀워크를 자랑하면서 계속되고 있습니다.

● 자기희생을 했던 경험이 있는가?

자기희생이라고 거창하게 이름을 붙일 만한 일은 떠오르지 않습니다. 주로 주위의 도움을 받으면서 어렵지 않게 살아와서 그런 것 같습니다. 굳이 이야기하자면 내세울 만한 것은 아니지만 한 가지 말씀드리고자 합니다. 재수 시절 버스로 분당과 삼성동을 오가며 학원에 다녔습니다. 수업이 끝나고 저녁에 버스를 타면 대치동 부근에서 항상 할머니들께서 많이 타셔서 자리를 양보해 드렸습니다. 제가 버스를 타는 삼성역이 회차 지점이라 사실 자는 척을 하거나 실제로 잠들어 버리면 앉아서 갈 수 있었지만, 양심이 도저히 용납하지 않아 거의 매일 무거운 가방을 메고 한 시간가량을 버스에서 서서 귀가했습니다.

● 리더로서 어떠한 프로젝트를 수행해본 경험이 있는가?

뉴욕에서 연수 중에 Housing Works라는 단체에서 봉사활동을 한 적이 있습니다. 이 단체는 기부자들이 제공하는 중고물품, 특히 의류 등을 받아 판매해서 그 수익금으로 후천성면역결핍증 환자들을 지원했는데 마크 제이콥스와 같은 유명 디자이너들의 도움으로 패션쇼를 열기도 했습니다. 어느 날, 자원봉사 중인 지점에서 패션쇼가 열렸고, 자원봉사자 중 가장 오래 일한 제가 봉사자들의 관리를 맡게 되었습니다. 그때 각자 개성이 넘치는 뉴요커 봉사자들의 역할을 분담하고 업무를 조정해서 성공적으로 패션쇼를 마친 경험이 있습니다. 이 기회를 통해 저는 리더십 뿐만 아니라 성취의 기쁨, 그리고 추진력을 얻을 수 있게 되었습니다.

● 조직의 가치와 개인의 가치가 충돌했을 때 해결한 경험을 말해보시오

처음 공익근무요원으로 구청 민원실에서 복무하게 되었을 때의 일입니다. 군대와는 달리 계급의 개념도 없고, 민원실 내에서 각기 다른 과에 소속되어 있는데도, 어설프게 군대 계급 문화를 따라하는 공익근무요원들을 보고 비합리적이라고 느꼈습니다.

하지만 오랫동안 내려온 그들만의 습성을 무시할 수는 없었기 때문에 초임자 시절에는 철저하게 선배들의 권리는 지켜주었습니다. 그러나 제 밑으로 들어오는 후배들에게는 편한 선·후배 관계로 지내는 문화로 바꿨습니다. 조금씩 분위기가 바뀌기 시작하면서 선배들도 점차 동조되어 오랜 시간이 걸리지 않아 수평관계로 변모될 수 있었습니다.

● 자신을 희생하면서 그룹의 구성원에게 무엇인가를 제공한 경험과 느낀 점은 무엇인가?

군대 계급 문화를 답습하고 있었던 제 복무지의 공익근무요원 선배들의 문화를 인정하면서 제 후배부터라도 수평적인 관계에서 복무하게 하려고, 선배들의 수직적인 요구를 후배에게 넘기지 않고 모두 제가 처리해야 했습니다.

다행히 선배들도 복무 초기에는 수직적인 분위기에 불만을 느꼈던 터라 오랜 시간이 지나지 않아 자연스럽게 수평적인 관계로 변했습니다. 그 이전에 열 명가량의 선배들의 요구를 최대한 혼자 처리해야 했던 기간에는 사실 후배도 들어왔는데 내가 왜 사서 고생인가 하는 생각도 들었습니다. 하지만 소집해제 즈음에 제가 처음 복무했던 때와는 매우 다른 가족적인 분위기를 보면서 뿌듯함을 느꼈습니다.

● 자신이 하던 방식으로 일을 추진하다가 실패한 경험에서 무엇을 느꼈는가?

운전할 때 길을 물어보는 걸 싫어하던 때가 있었습니다. 여자친구와 뮤지컬 〈캣츠〉 팀의 내한공연을 보러 수원에 있는 경희대학교로 가야 했는데 한 번도 가본 적이 없었고, 당시에는 내비게이션도 보편화되지 않았을 때라 인터넷으로 대충 지도만 기억하고 출발했습니다. 가는 도중 길을 잃게 되었는데 사람들에게 물어보자던 여자친구를 무시하고 계속 이정표를 찾아 한참 헤매다가 결국 택시기사님께 길을 여쭤 간신히 공연 직전에 도착할 수 있었습니다.

공연 입장권도 비쌌고 당시 내한공연 마지막 무대였기 때문에 혹시나 늦을까 봐 속으로 얼마나 걱정했던지, 다음부터는 쓸데없는 고집 부리지 말고 모르는 건 바로바로 물어서 해결하자는 다짐을 했었습니다.

● 신념과 신념이 부딪쳤을 때 어떻게 해결하는가?

개인적으로 여러 가지 신념이 충돌할 때에는 잠시 물러서서 신념 간의 위계를 만들어봅니다. 예를 들어 아침 일찍 회의가 있는 날 늦게 일어나는 바람에 지각하지 않으려면 버스전용차선을 이용해 달려야 간신히 회의에 참석할 수 있을 것이라는 판단이 든다는 가정을 해보겠습니다. 다른 직원들과의 약속을 지킴과 동시에 저의 맡은 바 책임을 다해야 한다는 신념 때문에 급하다고 위반한다면 교통법규의 의미가 없어지게 됩니다. 더군다나 국내 대표적인 기업의 일원으로서 법을 지켜야 한다는 신념이 충돌할 것입니다. 이런 상황에서는 그동안 내가 무엇을 더 중요시했나를 판단해 일단 한 가지 신념을 택하고서 뒤에 따르는 책임은 감수해야 할 것입니다. 지금 생각으로는 조직에 대한 책임감을 더 중요시할 것 같습니다.

물론 지금 말씀드린 것은 하나의 가정일 뿐, 저를 뽑아 주신다면 실제 미래에서는 늦잠을 자는 불상사가 없도록 할 것입니다.

● 자신은 현재 어떤 신뢰를 받고 있는가? 신뢰를 받고자 무엇을 했는가? 실제 경험을 통한 사례를 설명해보시오

비밀을 털어놓고 고민을 상담해도 괜찮은 친구라는 신뢰를 받고 있습니다. 저는 절대 친구의 고민이나 비밀 이야기 혹은 민감한 사생활을 다른 친구나 심지어 제 여자친구에게도 전하지 않습니다. 말이 한번 퍼지면 그 말은 돌고 돌아 제게 비밀을 털어놓은 친구 귀에까지 들어가리라는 것을 경험으로 알고 있으며, 또한 저를 믿고 이야기해준 고마움 때문이기도 합니다. 최근 한 친구가 다른 친구들의 비밀이나 사생활을 여자친구에게 모두 말해 번지는 일이 발생한 적이 있어서인지 친구들의 저에 대한 신뢰는 더욱 높아졌습니다.

왜 우리 회사에 지원했습니까?

기업들은 그동안 많이 속아왔다. 입사만 시켜주면 온 힘을 기울이겠다며 하도 강하게 이야기해서 진짜 우리 회사에 올 줄 알았다. 우리 회사가 최고라고 칭찬하기에 진짜 그렇게 생각하는 줄 알았다.

기업들은 그동안 많이 애태웠다. 스펙 좋은 사람을 다른 회사에 빼앗길까봐, 어떻게 해서든 전부 다 우리 회사 사람으로 만들고 싶어서…….

기업들은 그동안 많이 착각했다. 합격만 시켜주면 다른 곳에 안 갈 줄 알았다. 입사하면 오래 다닐 줄 알았다.

그 결과 기업들은 '채용 실패'의 고통을 절감해야 했다. 채용 실패란 신입사원을 채용했는데, 그 사람이 1년도 채 지나지 않아 회사를 그만두는 것을 말한다. 대기업에서 신입사원을 채용하는 데 걸리는 시간은 몇 개월이나 되고, 그 비용만 해도 한 사람당 수백만 원에서 수천만 원에 이른다. 그러다 보니 합격을 해놓고 아예 입사하지 않거나, 입사해놓고 금방 두는 사람이 생기면 상당한 손실을 보게 된다.

이제 기업들은 똑똑해지고 현명해졌다. "입사만 시켜주면"이라는 말은 절대 믿지 않는다. "최고의 기업이기 때문에"와 같은 추상적인 칭찬에도 넘어가지 않는다. 대신 "왜 다른 회사도 아니고 굳이 우리 회사에 입사하고 싶어 하는가?", "우리 회사에 대해 아는 것이 무엇인가?"라고 꼬치꼬치 물어보고 "우리 회사에 대해 제대로 알지도 못하면서 왜 지원했는가?"라고 따진다. 스펙이 좋다고 무조건 욕심내지 않는다. 배경이 아무리 화려해도 애초에 우리 회사에 올 사람이 아니라고 판단되면 과감히 포기한다. 진짜 우리 회사의 가족이 되어 오랫동안 기업의 문화와 비전을 공유하며 함께 성장할 사람만 뽑는다.

X 면접관: 우리 회사에 지원한 이유가 뭔가요?

홍길동: OO사는 최고의 기업으로 성장하였고, 현재는 세계무대를 향해 초일류기업으로 성장해나가고 있기 때문입니다. 최고의 기업에서 최고의 인재가 되고 싶습니다.

TIP 대단한 의지의 표현이 아닐 수 없지만, 이 답변은 아무 회사에서나 통하는 답변이다. 이 질문에 대한 답변은 구체적이어야 한다. 회사에 관심이 많다는 것을 구체적으로 보여주어야 한다. 그러기 위해서는 지원회사에 대해 공부한 내용 또는 경험 등을 바탕으로 그 회사에만 해당하는 지원 동기를 표현하는 것이 좋다.

O 면접관: 우리 회사에 지원한 이유가 뭔가요?

홍길동: 2011년 2개월 간 DHL Korea 구매팀에서 인턴으로 근무하였습니다. 짧은 경험이었지만 왜 DHL이 고객들의 사랑을 받는지 알 수 있었습니다.

이 회사에 지원한 첫 번째 이유는 고객을 가장 우선시하고 고객에게 First Choice를 받기 위해 끊임없이 노력하기 때문입니다. 두 번째 이유는 DHL의 프로세스와 전문성 때문입니다. 국제물류는 한국의 매우 중요한 미래 신성장동력입니다. 그중에서도 수출입 프로세스는 국제물류 분야의 핵심이라고 생각합니다. DHL의 간편한 통관 시스템과 탄탄한 네트워크는 단연 세계 최고라고 생각합니다. 물류 전문가로 성장하고자 DHL에 지원하게 되었습니다. First Choice를 받기 위해 노력하는 DHL에서 First Choice를 받는 사원이 되고 싶습니다.

● 우리 회사가 당신을 뽑아야 하는 이유 세 가지를 말해보시오

첫째, 영업직은 다른 어떤 직업보다 자기관리가 철저해야 하는 직업이라고 생각합니다. 저는 고등학교 3학년부터 지금까지 꾸준한 웨이트 트레이닝으로 체력 관리를 해왔습니다. 아무리 피곤하더라도 하루에 한 시간 반가량 운동해왔습니다. 그뿐만 아니라 담배는 전혀 입에 대지 않고 술도 불가피한 상황 외에는 마시지 않습니다. 이러한 저의 자기관리 능력은 성실함과 튼튼한 체력까지 보증할 수 있다고 생각합니다.

둘째, 영업사원은 누구보다 열정적이고 상대방을 배려하는 마음이 있어야 한다고 생각합니다. 초등학교 2학년부터 현재까지 끊임없이 연애해 왔고 특히 한 여성과 8년간 사랑해본 경험이 있는 저야말로 자신보다 상대를 아끼고 위하는 따뜻한 마음이 배어 있는 사람이라고 감히 말씀드릴 수 있습니다.

마지막으로, 영업사원은 신뢰감을 주는 목소리를 가지고 있어야 한다고 생각합니다. 차분하면서도 너무 무겁지 않고 부드럽게 느껴지는 제 목소리가 신뢰감이라는 측면에 가장 어울리는 목소리라고 생각합니다.

● 전공이 이 일을 하는 데 어떤 도움이 될까?

철학을 전공하면서 배운 것 중 하나는 세상에는 여러 가지 사상과 의견이 존재한다는 것이고 그것들을 존중할 줄 알아야 한다는 것입니다. 각기 다른 사상에는 모두 배울 점이 존재하기 때문입니다. 아나운서는 직업상 여러 사람을 만나 가볍지 않은 대화를 해야 할 필요성이 있고 그 사이에서 조정해야 할 경우도 있습니다. 이러한 과정을 거쳐 시청자에게 다른 사람들의 삶이나 생각을 전달하게 됩니다.

저는 다양한 사상을 선입견 없이 열린 마음으로 공부했던 경험으로 다양하고 때론 상충하는 의견을 가진 사람들을 진심으로 이해하고 나서야 시청자에게 전달할 수 있다고 생각합니다. 진심으로 공감하고 이해한 뒤 전달하는 것과 기계적으로 전달하는 것에는 분명히 차이가 존재할 것입니다.

● 전공이 이 일과 맞지 않는 것 같은데, 어떻게 생각하나?

철학은 보편적인 학문입니다. 특히 학부의 철학은 특정 사상을 깊이 공부한다기보다는 폭넓은 시야와 사고력을 훈련해준다고 생각합니다. 언론인에게 각각의 전문적 부분을 연결, 통합시켜주는 제너럴리스트적 면모는 필수적 자질이 아닐까요? 철학을 통해 훈련한 제너럴리스트적 요소에 진행이라는 전문적 요소를 합친다면 그야말로 현대 사회가 원하는 아나운서가 될 수 있다는 생각입니다.

● 이 일을 할 때 가장 중요한 자질은? 자신은 그러한 자질을 갖추었는지 구체적으로 설명해보시오.

컨설턴트의 특성상 듣기 좋은 목소리와 편안한 외모는 기본적으로 갖추어야 하겠고, 무엇보다 중요한 것은 신뢰감을 주는 커뮤니케이션 능력이라고 생각합니다. 컨설턴트는 말을 잘하는 것 이상으로 잘 들어주는 것이 중요한 직업인 만큼 고객의 마음을 편안하게 해주고 신뢰를 주며, 상대방이 신뢰할 수 있게끔 전달하는 능력이 중요합니다. 제가 신뢰를 주는 커뮤니케이션 능력을 갖췄음은 초등학교 2학년부터 지금까지 끊임없이 연애를 해왔음이 증명해 준다고 생각합니다. 감수성 예민한 여성을 사귈 때 가장 중요한 덕목이 무엇일까요? 저는 '잘 들어주는 것'이라 생각합니다. 제가 끊임없이 연애하면서 배운 점은 남의 이야기를 자기 이야기처럼 들어주고 감정이입을 할 수 있는 자세입니다. 여기에 경력과 연륜이 쌓인다면 믿음직한 좋은 컨설턴트가 될 수 있다고 확신합니다.

● 당신의 강점이 우리 회사를 성장시키는 데 어떻게 이바지할 수 있을 것인가?

저는 인사팀에 지원했습니다. 한 명의 천재가 수만 명을 먹여 살리는 시대에 진흙 속의 진주를 찾아내는 것이 인사팀의 역할로 회사를 성장시키는 데 이바지하는 것으로 생각합니다. 핵심 인재를 뽑으려면 그 사람의 역량을 세심하게 살펴보아야 할 것입니다. 또한 핵심 인재를 일원으로 만들려면 우리 회사만의 경쟁력과 성장 가능성에 대해 설득을 해야 할 것입니다. 이러한 측면에서 저의 강점인 꼼꼼함과 설득력이 빛을 발하지 않을까 합니다.

● 다른 회사와 동시에 합격하면 어떻게 하겠는가?

　고민의 여지 없이 ○○사를 선택하겠습니다. 제가 귀사의 직원이 되고자 하는 꿈은 대학교 재학 시절 〈방송화법〉이라는 강의 시간에 귀사를 견학하면서부터 시작되었습니다. 당시 아나운서는 멋지기는 하지만 재능 있는 다른 사람들의 직업이라는 생각에 욕심도 내지 못했습니다. 그러나 보도국 뉴스 데스크 앞에 앉아 봤을 때 '아! 이게 내가 하고 싶은 일이다'라는 확신이 들었습니다. 제 꿈을 만들어준 이곳에서 일할 수 있다면 그것이 가장 큰 성취일 것입니다.

● 휴일 근무와 야근이 많은데 괜찮은지?

　일하면서 행복을 찾을 수 있는 직업이 무엇일까 오랜 시간 고민하다 이 직종을 선택했습니다. 제가 일하면서 행복한 직업이라면 야근이나 휴일 근무도 짜증으로 다가오지 않으리라고 믿습니다.

　또한 신입사원의 경쟁력 중 대표적인 것이 체력과 인내심이 아닐까 합니다. 한참 일할 나이에 자신의 강점을 살려서 일할 수 있다면 그것만큼 행복한 일은 없을 것입니다. 야근이나 휴일 근무도 행복하고 기쁘게 일할 수 있는 것은 오로지 젊은 직원의 특권이라고 생각합니다.

● 희망 업무가 아닌 다른 업무를 주면 그만두겠는가?

　얼마나 입사하고 싶었던 회사인데 그만두겠습니까? '나에 대한 기대가 커서 여러 경험을 시켜주시는구나' 하는 긍정적인 마음가짐으로 열심히 하겠습니다. 또한 제가 열망하는 일이 있지만 다른 업무에 배치되는 것은 충분한 이유가 있을 것으로 생각합니다. 회사의 의견을 존중하고 온 정성을 다해서 반드시 성과를 내도록 하겠습니다.

● 희망 근무지가 아닌 다른 지역에서 근무하게 되면 그만두겠는가?

인생은 짧지 않기에 첫 근무지에 크게 연연하는 건 무의미하다고 생각합니다. 진정 희망 근무지에서 근무하고 싶었다고 하더라도 언제나 가능성은 열려 있다고 믿고, 모든 것이 다 좋은 경험이 된다는 생각으로 기꺼이 근무하겠습니다.

● 왜 대기업을 지원했는가?

대기업의 장점은 체계적인 교육과 업무 시스템이라고 생각합니다. 가능성 있는 새하얀 도화지 같은 신입사원을 뽑아 기업의 성격에 맞게 키워낼 여력이 있기 때문에 최상의 교육을 받고 더 유능한 인재가 될 수 있다고 생각합니다. 또한 조직의 규모가 크기 때문에 선후배는 물론 동료에게도 많이 배울 수 있습니다. 게다가 전국을 무대로 일할 수 있기 때문에 일하는 보람도 더욱 클 것으로 기대합니다.

● 왜 중소기업을 지원했는가?

대기업이든 중소기업이든 다 장단점이 있겠지만, 중소기업의 장점은 그 잠재력이 무한하다는 것입니다. 처음부터 대기업인 곳은 없습니다. 유망한 중소기업이 지속적으로 성장하면 대기업이 될 수 있다고 생각합니다. 이러한 이유 때문에 큰 조직에서 일할 때보다 작은 조직에서 일할 때 저의 역량을 더 크게 발휘할 수 있을 것이고, 성과를 냈을 때 직접적으로 느끼는 성취감이 더 클 것이라 확신합니다.

제가 중소기업을 지원한 또 하나의 이유는 중소기업을 운영하시는 제 삼촌의 영향 때문입니다. 독자적인 기술을 보유하고 있으면서도, 단지 회사 규모가 작다는 이유로 좋은 직원을 뽑는 데 어려움을 겪는 것을 보면서 젊은 사람들일수록 중소기업에 더욱 더 많은 관심을 둬야 한다고 생각을 하였습니다.

● 힘든 일을 시켜도 기꺼이 할 용의가 있는가?

경험해보지 않고서는 그것이 힘든 일인지 아닌지 알 수가 없을 것입니다. 또한 업무에는 힘든 일도 있고 비교적 어렵지 않게 해낼 수 있는 일도 있을 것입니다. 제 업무라면 힘들게 보이건 쉽게 보이건 온 힘을 다해야 한다고 생각합니다. 또한 힘든 일일수록 성취를 이루었을 때 느끼는 보람은 더 크고, 그 열매도 더 달 것으로 생각합니다.

● 입사 후 담당 업무가 자신에게 맞지 않으면 어떻게 할 것인가?

하고 싶은 일만 하고 살 수 없다는 걸 잘 알고 있습니다. 피할 수 없다면 즐기려고 노력하는 것이 당연하다고 생각합니다. 일을 준 만큼 책임감을 가지고 열심히 하되 시간이 많이 흘렀음에도 도저히 업무가 맞지 않아 제가 수행한 업무가 회사에 피해를 미칠 수도 있다고 판단이 된다면 직속 상사에게 조심스럽게 상담을 요청하겠습니다.

● **지난해에 우리 회사에서 탈락하고도 다시 지원한 이유는?**

원하는 일을 원하는 곳에서 하는 행복을 위해서입니다. 그것은 진정 사랑하는 사람과 함께하는 행복에 비견될 것입니다. 아직 그 행복을 느낄 가능성이 있다면 당연히 도전해야 한다고 생각합니다. 그만큼 귀사는 저의 인생에서 충분히 도전할 만한 가치를 지니고 있습니다.

쉽게 포기하거나 좌절하지 않고 또다시 과감하게 도전하는 저의 모습을 긍정적으로 평가해주셨으면 합니다.

● **자신이 탈락한다면 그 이유는 무엇이라 생각하는가?**

생각하면 가슴 아픈 일이지만 제가 탈락한다면 그 이유는 귀사에 어울리는 직원이 되려고 저보다 더욱 간절히 노력한 사람이 있었기 때문이라고 생각합니다. 이런 질문을 받게 되는 면접까지 올라왔다면 여기서 만난 지원자들의 기본적 능력은 비등할 것이고 모두 좋은 이미지를 갖고 있을 것으로 생각합니다. 그 가운데 작은 차이는 그동안 누가 얼마나 간절히 노력했느냐에 달렸을 것 같습니다. 아마 누구나 전력을 기울였다고 생각할 것이기 때문에 그 노력의 차이도 근소할 것입니다. 따라서 포기하지 않고 반성한 뒤 저를 더욱 채찍질하여 다음 기회에 또 도전하겠습니다.

● **자신이 합격한다면 그 이유는 무엇이라 생각하는가?**

제게서 가능성을 봐 주셨다고 믿고 싶습니다. 당연히 아직 부족한 원석이지만 ○○

사의 인재상에 들어맞는다고 평가해주시고, 저의 잠재력과 역량들을 갈고닦으면 후에 빠지지 않는 '보석이 될 인재'라고 느끼신 게 아닐까 합니다.

● 우리 회사에 대해서 아는 것을 모두 말해보시오

OO사는 모든 기업이 본보기로 삼아도 될 만한 성장을 이루어 왔다고 생각합니다. OO사는 국내 제2의 민항이라는 타이틀을 얻었지만, 수많은 제약 속에서 초기에 어려움을 겪을 수밖에 없었습니다. 그러나 불리한 상황 속에서도 최고가 되고자 기울인 노력은 오늘날의 탄탄한 입지를 굳힐 수 있도록 해주었다고 생각합니다.

그 대표적인 사례들을 아는 대로 말씀드리고자 합니다. 고객들에게 안전에 대한 신뢰감을 주고자 비용적인 부담을 감수하면서 새 비행기를 고집하였고, 취약한 노선망은 감동을 주는 서비스로 대신하였습니다. 전 세계 최초로 금연 비행기를 선언하고, 기내 미술 등과 같은 다양한 서비스를 개발함은 물론 자체적인 노선의 한계를 극복하기 위해 세계 유수의 항공사들과 적극적인 제휴를 맺어 왔습니다.

그 결과, 오늘날 귀사는 전 세계에서 주목을 받는 항공사로 성공하였으며, 모든 서비스 업종에서 롤모델이 되고 있습니다. 서비스 업계의 노벨상이라 일컬어지는 상을 받은 것은 너무나도 당연한 결과라고 할 수 있습니다.

● 최근 우리 회사와 관련된 기사를 본 일이 있는가?

OO사가 29년째 2,500원이었던 수신료 인상을 추진한다는 내용의 기사를 읽었습니다. 당시 읽었던 기사는 수신료 인상에 진보, 보수 진영 모두 반발한다는 부정적인 내용이 었습니다. KBS-2 TV의 광고를 축소하고 DMB와 라디오의 광고를 폐지하겠다는 조건에도 부정적인 여론이 많이 존재한다면 뭔가 더욱 시청자에게 호소할 수 있는 청사진을 보여줘야 현실적인 인상이 가능하지 않겠나 생각했습니다. 지금 제 짧은 소견으로는 주된 반대의 이유가 정권에 의한 보도의 공정성 침해에 대한 우려인 만큼 보다 독립적인 언론사를 만들려는 방안 연구가 필요하겠고, 외신이 약한 우리나라 뉴스의 현실을 보완하기 위해 특파원 수를 늘린다든가 콘텐츠 개발을 위한 구체적인 투자 계획을 제시하는 등의 발전적인 방안이 필요할 것 같습니다.

● 우리 회사 제품을 써보았는가? 써보았다면 개선점은?

작년에 노트북을 사려고 TV와 신문 광고도 보고, 인터넷 사이트를 돌아다니며 어떤 제품을 살까 고민을 한 적이 있습니다. 글 쓰는 것을 워낙 좋아해서 언제 어디서든 작업을 할 수 있도록 작은 노트북을 사야겠다고 마음을 먹었습니다. 그러던 와중에 제 눈에 들어온 것이 바로 넷북이었습니다. 정말 작고, 깜찍하게 디자인된 넷북을 본 순간 저는 바로 결정을 내렸습니다.

그 당시 기업들은 초기 시장인 넷북 시장에서 경쟁 우위를 점하고자 치열한 경쟁을 하고 있었습니다. 저는 가격보다는 성능이 더 중요하다고 생각하여 당시 가격이 가장 비쌌던 귀사의 넷북을 주저 없이 골랐습니다. 그러나 그때부터 저에게는 가슴앓이가 시작되었습니다. 성능 면에서는 더할 나위가 없었지만, 레이저빔을 연결하는 부위의 고장이 잦거나, 잭을 고정하는 기능이 없어, 프레젠테이션을 할 때마다 고생할 수밖에 없었습니다. 브랜드의 명성에 걸맞게 아주 작은 부분까지 신경을 써야 하지 않을까 생각합니다.

● 경쟁사 제품을 써보았는가? 써보았다면 어땠는가?

저는 인터넷을 본격적으로 이용할 때부터 귀사의 사이트를 쓰고 있습니다. 메일의 용량은 물론 발송 시의 편리함, 카페나 블로그 기능의 우수성, 타의 추종을 불허하는 지식 콘텐츠, 그리고 업계 1위로서의 신뢰도 등이 귀사 사이트의 단골로 남아 있는 주요 원인입니다.

그러나 뉴스를 보려면 아직도 Y사이트를 이용합니다. N사이트의 뉴스는 이전 보기나 다음 보기를 클릭하면 전체가 다음 뉴스 제목들로 바뀌지만, Y사이트의 경우 주요 뉴스는 상단에 그대로 있고, 아랫부분의 뉴스 제목들만 바뀐다는 것이 저에게는 더 편리합니다. 뉴스 메뉴도 상단에 크게 보여서 이용하기가 좋습니다.

● 우리 회사 CF를 본 적이 있는가? 어땠는가?

주력 제품인 Q의 CF를 흥미 있게 봐오고 있습니다. 처음에는 당시 드라마에서 최고로 고생하는 역할을 하던 연예인 변○○ 씨와 세계적인 산악인 엄○○ 씨를 내세워 "집 나가면 개고생이다"라는 말로 세간의 관심을 끌었습니다.

그 이후로 다양한 내용의 CF를 접할 수 있었습니다. 처음에는 너무 자주 노출되는 귀사의 광고에 지루함을 느꼈으나 최근 갓난아기가 등장한 CF를 보고, 아기의 다양한 표정이 너무나도 귀엽고 사랑스러워 제품에 대한 긍정적인 이미지를 갖게 되었습니다. CF의 역할이 얼마나 중요한지 깨닫게 된 계기였습니다.

● 우리 회사의 이미지는?

제가 ○○사에 대해 가진 이미지는 바로 가족 사랑입니다. 이 이미지는 저의 개인적인 경험에 의한 것입니다.

교직 공무원이셨던 아버지께서 제가 어릴 때 돌아가시면서 평범한 가정주부셨던 어머니는 저희 형제를 먹여 살리고자 일터로 나가셔야 했습니다. 어머니가 여러 가지 일을 하시다가 자리를 잡으신 것이 '야쿠르트 아줌마'였습니다. 어머니는 이 직업을 천직으로 여기시고 열심히 일하셔서 저희를 키워내셨습니다.

귀사 덕분에 우리 가족이 먹고살았고, 제가 이렇게 성장했으며 지금 이 자리에 와 있습니다. 오늘도 귀사의 가족 사랑 때문에 꿈을 키우는 젊은이들이 많을 것으로 생각합니다. 이들의 꿈을 이루어내는 데 이바지하는 야쿠르트인이 되고 싶습니다.

● 경쟁사와의 비교 우위에 서기 위한 본인의 의견을 말해보시오

저는 경영학을 전공하지 않았고, 마케팅 분야에 지원하는 사람도 아닙니다만 개인적인 경험을 토대로 저의 짧은 견해를 말씀드리겠습니다.

저는 친구들과 모임을 할 때 소주 한잔하면서 즐겁게 대화하는 것을 좋아합니다. 이는 대학을 다니는 학생 중 술을 마실 수 있는 사람이라면 대부분이 그럴 것으로 생각합니다. 대학에 복학하기 전까지는 애용하는 소주 브랜드가 없었습니다. 그냥 소주 자체가 좋았기 때문에 어떤 브랜드도 가리지 않았고, 굳이 특정 브랜드를 고집한 적도 없었습니다.

그러나 소주의 브랜드에 대해 새로운 인식을 하게 된 계기가 있었습니다. 저랑 가장 친한 친구가 어느 순간부터 '참이슬'만 찾는 것이었습니다. 그래서 그 이유를 물어보았더니, 여자친구가 소주를 시킬 때 애교 넘치는 표정으로 "참이슬 주세요"라고 하는 것을 보면서부터 자신도 여자친구를 따라하게 되었다는 것이었습니다. 그러고 보니 주위의 여자 동기들도 상당수가 '참이슬'을 애호한다는 사실을 알게 되었습니다. 그 이후로 '소주는 여자가 하면 남자가 따라한다'라는 것을 깨닫게 되었습니다.

'처음처럼'은 국내 유명 작가이자 대학교수의 서체를 사용한 것이고, 그 의미도 아주 좋습니다. 그러나 젊은 층들을 대상으로 하는 마케팅적인 측면에서 이 브랜드가 통할 것인지에 대한 고민이 있었는지 모르겠습니다. 현 시점에서 '처음처럼'으로 여성 고객에게 어필하는 마케팅을 쓰는 것은 다소 늦은 감이 있지 않나 싶습니다. 앞으로 새로운 브랜드를 출시하여 여성 고객들을 공략하는 것이 효과적일 것이라는 말씀을 드리고 싶습니다.

● 우리 회사에 입사하고 싶다면서 CEO 성함이나 주가, 재무 상황 등에 대해 왜 아는 것이 하나도 없는가?

OO사는 제가 꼭 입사하고 싶은 기업이라 예전부터 많은 관심이 있었습니다. OO사의 제품도 애용하고 있고, CF도 관심을 두고 봐왔습니다. 경쟁사 제품도 쓰면서 비교도 하는 등의 노력까지 기울여와서 저만큼 귀사에 대해 잘 아는 사람이 없으리라고 자부하고 있었습니다.

그런데 오늘 질문하신 부분에 대해 답변을 전혀 못하는 걸 보니 기본적으로 알아야 하는 부분을 놓쳤다는 생각이 듭니다. 그러나 이것은 제가 귀사에 대해 무지하거나 입사하고자 하는 열의가 없다는 것은 아닙니다. 다시 한 번 제가 지금까지 노력해온 부분을 긍정적으로 평가해주셨으면 합니다.

● 우리 회사에서 바라는 인재상은 무엇이라고 생각하는가?

　두 가지로 나누어서 말씀을 드리고 싶습니다. 먼저 귀사에서 정해놓으신 공통적인 인재상이 있으실 것입니다. 이것이 ○○사에서 바라는 인재상이고 이를 기준으로 직원을 채용하실 것으로 알고 있습니다. 제가 아는 귀사의 인재상은 바로 능력과 덕을 동시에 겸비한 인재입니다. 손바닥도 마주쳐야 소리가 나듯 능력과 덕을 고루 갖춰 맡은 임무도, 인간관계도 무리 없이 해내는 사람이 귀사가 바라는 인재상이라고 생각합니다.

　또 하나는 신입사원으로서 갖추어야 할 공통적인 인재상을 말씀드리고 싶습니다. 어느 조직이든 신입사원이라면 패기, 열정, 도전 정신, 창의성, 팀워크 정신이 있어야 한다고 생각합니다. 저는 이러한 덕목을 모두 갖춘 사람이라고 자부합니다. 그 이유는 저의 강점 부분에서 충분히 설명해 드렸다고 생각합니다.

우리 회사에서 어떤 사람으로
성장하고 싶은가요?

비전이란 머릿속에 생생하게 그려진 미래의 모습이다. 뛰어난 리더일수록 미래의 모습을 구체적으로 꿈꾼다. 꿈만 꾸는 것이 아니라 이를 아랫사람들에게도 명확하게 보여준다.

기업은 현재에만 머무르면 안 된다. 1년 후, 3년 후, 10년 후, 30년 후, 100년 후의 목표가 분명해야 한다. 이 목표는 모든 구성원이 공유해야 한다. 글로 쓴 막연한 목표는 구성원들의 머릿속이나 가슴 속에 현실적으로 와 닿지 않는 경우가 많다. 그래서 비전을 제시하는 능력이 중요한 것이다. 목표 설정이 이루어지면 우리의 위상이 어떻게 달라지는지 구체적으로 보여줘야 한다. 그래야 구성원들이 목표를 달성해야 하는 이유를 절실하게 깨닫고, 앞으로 전진 또 전진하게 된다.

미래에 대한 비전이란 이토록 중요한 것이다. 비전이 없으면 그 조직의 미래는 불투명하다. 리더만 미래를 그릴 수 있어서는 안 된다. 미래를 생생하게 그릴 수 있는 능력을 갖춘 구성원들이 많을수록 그 조직은 희망적이다. 이러한 능력을 확인하기 위해 기업에서는 지원자들에게 미래를 그려보라고 요구한다. 여기서 특히 중요한 것은 막연한 미래가 아니라 지원한 기업에 입사했을 때의 미래다.

면접관: 10년 후 당신은 어떤 모습을 하고 있을까요?

홍길동: (잠시의 머뭇거림도 없이) 10년 후, 저는 팀장이 되어 있을 것입니다. 팀장으로서 온 힘을 다하며 위로부터는 유능한 리더라는 평가를 받고 있고, 아래로부터는 존경을 받고 있을 것입니다.

TIP 홍길동의 답변은 너무 막연하다. 창의적이지도 않다. 게다가 성의도 없어 보인다. 미래를 그리는 것이 얼마나 어려운 일인데, 고민도 없이 바로 답변을 할 수가 있을까? 10년 후의 특정 순간을 스토리텔링 식으로 풀어나가면 어떨까?

면접관: 10년 후 당신은 어떤 모습을 하고 있을까요?

홍길동: 10년 후 오늘, 저는 강남에 있는 고급 레스토랑에 다섯 자리를 예약할 것입니다. 세 자리는 저, 사랑하는 아내, 그리고 토끼 같은 저의 딸을 위한 것이고 나머지 두 자리는 저의 부모님을 위한 자리입니다. 오늘 제가 이렇게 특별한 이벤트를 마련한 이유는 드디어 제가 국외지사장으로 발령을 받았기 때문입니다. 이 영광스러운 자리에서 사랑하는 가족과 저를 키워주시느라 애쓰신 부모님의 축하를 받고 싶습니다.

● 우리 회사의 50년 후 모습은?

50년 후 오늘을 기준으로 상상을 해보도록 하겠습니다.

저는 50년 후 경영고문으로 일하고 있습니다. 오늘은 특별한 날입니다. 드디어 전 세계에 100번째 지점이 문을 여는 날이기 때문입니다. 내년 중반까지 달성하고자했던 목표가 당겨져서 그 기쁨도 큽니다. 계열사 대표이사를 거쳐 경영고문의 역할을 하는 저는 감회가 새롭습니다.

이제 축하 파티를 하는 연회장으로 가려고 차에 오릅니다. 오늘은 전 세계에서 수고하는 지점장들이 모두 한자리에 모입니다. 이들을 하나하나 만나서 수고했다는 말을 전해주고 싶습니다. 지난달 뉴스위크에서 선정한 세계의 젊은이들이 가장 입사하고 싶어 하는 기업 1위에 등극을 해서 기뻐했는데, 요즘 우리 회사에 좋은 일만 생겨서 너무 행복합니다.

● 자신이 우리 회사의 경영자라면 최우선적으로 어떤 사업을 하겠는가?

현재 OO사는 국내는 물론 외국에서도 명성을 쌓아가고 있습니다. 올해 초 발표한 중장기 전략에 따르면 5년 이내에 확실한 글로벌 기업으로 자리매김할 것으로 확신합니다. 만일 현재 시점에서 귀사의 경영을 맡게 된다면, 복지사업을 중점적으로 추진해 나가겠습니다. 복지사업은 기업의 이미지도 올리고 부가가치도 창출할 수 있는 사업이라고 생각하기 때문입니다. 복지사업에 대한 투자는 회사의 신뢰성과 공익성 차원에서 분명히 남다른 이득을 가져올 거라고 확신합니다.

● 1년 후 당신은 우리 회사에서 어떤 모습을 하고 있을까?

제 친구들이 저를 보기가 점점 어려워질 것입니다. 왜냐하면 1년 후에는 한국은 물론이고 나아가 외국을 무대로 직접 현장을 뛰어다니고 있을 것이기 때문입니다.

저보다 먼저 기업에 입사한 선배들로부터 많은 이야기를 들었습니다. 처음에 입사하여 1년 동안은 큰일이 주어지지 않는다는 말씀이 대부분이었습니다. 대부분이 교육이고, 업무를 해도 복사나 팩스 보내는 일로 하루를 보낼 때가 잦다고 알고 있습니다. 이러한 일이 시시해서 그만두는 사람도 적지 않다고 알고 있습니다.

그러나 저는 이러한 작은 일 하나에서도 그 사람의 능력을 볼 수 있다고 생각합니다. 시시하다고 금방 실망하는 사람과 작은 일이라도 긍정적인 마음을 가지고 정성을 다하는 사람의 미래는 천지 차이일 것입니다. 저는 인턴 경험을 통해 복사나 팩스도 아무나 하는 것이 아니라는 것을 알았습니다. 꼭 급할 때 고장이 나고, 용지가 걸리고, 한꺼번에 많은 양의 팩스를 보내야 할 때도 창의성이 필요함을 잘 알고 있습니다.

1년 후에는 저의 성실성을 인정받아 본격적으로 각지의 클라이언트를 만나면서 실무경험을 쌓는 제가 눈에 선하게 보입니다.

● 10년 후 자기의 모습을 말해보시오

10년 후 오늘, 저는 강남에 있는 좋은 레스토랑에 다섯 자리를 예약합니다. 세 자리는 저, 사랑하는 아내, 그리고 토끼 같은 저의 딸을 위한 것이고, 나머지 두 자리는 저의 부모님을 위한 자리입니다. 오늘 제가 이렇게 특별한 이벤트를 마련한 이유는 드디어 제가 국외지사장으로 발령을 받았기 때문입니다. 이 영광스러운 자리에서 사랑하는 가족과 저를 키워주시느라 애쓰신 부모님의 축하를 받고 싶습니다.

이제 한 달 후면 저는 멕시코로 떠납니다. 본사에서 일할 때처럼, 언제나 처음과 같은 마음으로 온 힘을 다해서 최고의 성과를 내고 싶습니다. 멕시코의 모든 곳을 방방곡곡 누비겠다는 마음가짐으로 매년 평균 100% 이상의 매출 증가를 이루어내고 싶습니다.

● 15년 후 당신의 모습은?

첫 아이의 체육대회가 있는 날입니다. 회사 업무가 바쁘다는 핑계로 아이들의 학교 행사에 한 번도 참석한 적이 없었는데, 아들의 기를 살려주고자 과감하게 휴가를 내었습니다. 초등학교 5학년생인 아들은 아빠의 등장에 환호성을 지릅니다.

오랜만에 운동 실력을 뽐내 봅니다. 아빠 대표로 달리기 시합에 나가 1등을 하였습니다. 아들과 함께한 2인 3각 경기는 너무나 재미있었습니다. 나무 그늘 밑에 앉아서 가족들과 함께 먹는 도시락은 꿀맛 같습니다. 체육대회 중간마다 회사로부터 업무 보고를 받습니다. 직원들이 별 탈 없이 업무를 해주고 있어 안심됩니다. 아들 녀석이 제일 친하게 지내는 친구의 아빠와 인사를 나눕니다. 제가 건네는 명함에는 'OOO주식회사 이사'라는 타이틀이 선명하게 찍혀 있습니다.

● 당신의 포부는 무엇인가?

OO사의 CEO가 되어, 현재 업계 3위인 위상을 업계 1위로 세워놓는 것이 저의 포부입니다. CEO 3년 차가 되었을 때는 주간 매일경제신문에서 선정하는 최고의 CEO 중 한 명으로 선정되는 것이 꿈입니다.

이를 이루고자 신입사원 시절부터 업무의 기본기를 충실히 닦아 나가겠습니다. 신입사원 1년간을 어떻게 보내느냐에 따라 앞으로 30년의 내용이 결정된다고 알고 있습니다. 앞으로 1년간 전력을 기울여서 귀사의 문화를 습득하고, 비전을 공유하는 사람으로 만들겠습니다. 어느 책에서 보니 기업은 CEO 후보자로서 신입사원을 채용한다고 들었습니다. 그 기대에 걸맞은 사람이 되겠습니다. 저에게 기회를 주십시오.

● 인생의 목표를 달성하는 데 우리 회사가 어떻게 도움이 될 수 있는가?

도움 정도가 아니라 결정적인 역할을 할 것입니다. 저의 포부를 밝힐 때 말씀드린 바와 같이 저의 포부는 단순히 CEO가 되는 것이 아니라, 귀사의 CEO가 되는 것입니다. OO사는 혈연에 의한 경영의 틀을 벗어나 오래전부터 과감하게 전문 경영인을 통해 회사 경영을 하고 있고, 스타 CEO를 배출하는 산실이 되어오고 있습니다. 제가 귀사에서 제 꿈을 이루고 싶은 또 하나의 이유는 귀사 덕분에 제가 대학 4년을 무사히 마칠 수 있었기 때문입니다.

집안 형편이 어려워 학비 걱정을 하고 있을 때, 저에게 구원의 손길이 되어준 것은 바로 귀사의 장학금이었습니다. 인생의 중요한 시기에 결정적인 도움을 받았다면, 그 은혜를 갚는 것이 건강한 젊은이의 도리가 아닐까 합니다. 저는 귀사에서 유능한 인재로 성장하기 위한 모든 준비를 마쳤습니다. 이제 저의 역량을 발휘할 기회를 주십시오. 꼭 은혜를 갚게 해주십시오.

● 개인의 목표와 조직의 목표가 다를 때 어떻게 할 것인가?

조직의 목표를 따르겠습니다. 조직원으로서 제가 사적인 목표를 추구한다면 그것은 이치에 맞지 않을뿐더러 이기적이라고 생각합니다. 우선 조직에 속했다면 조직 내에서 저는 개인 홍길동이 아닌 조직원 홍길동으로서 최대한 조직에 순응하고 협동하겠습니다. 이것이 조직에 속한 제 책무라고 생각합니다.

● 앞으로의 비전은 무엇인가?

비전이란 미래를 영상처럼 머릿속에 생생하게 그리는 것이라고 들었습니다. 다른 사람들은 바닷가에 가서 낭만에 젖어 있을 때, 고 정주영 회장은 조선소를 떠올렸습니다. 보이는 것이라곤 바닷물과 모래사장뿐인 곳에서 그는 거대한 배가 건조되는 꿈을 생생하게 떠올렸을 것입니다.

제 미래를 한번 생생하게 떠올려 보겠습니다. 10년 후부터 저에게는 '최고의 자동차 판매왕'이라는 타이틀이 따라다니기 시작합니다. 이 타이틀은 그 후 은퇴까지 단 한 번도 나에게서 떨어져 본 적이 없습니다. 그동안 초청 강연도 200회를 넘게 했고, 영업 비결과 자기 혁신에 대한 책만 해도 다섯 권이나 냈습니다. 은퇴 후에도 전국을 다니며 판매 기법에 대해 강의를 합니다. 판매에 대한 저의 열정은 죽는 날까지 계속될 것입니다.

● 비전을 위해서 구체적으로 어떤 노력을 하고 있는가?

먼저 오래도록 직장생활을 하기 위해 체력을 단련하고 있습니다. 매일 새벽 조깅을 하고 있으며, 주말에는 반드시 등산을 합니다. 무엇이든 즐겁게 잘 먹는 저의 식성도 제 건강 비결의 하나입니다.

영업을 잘하려면 무엇보다 커뮤니케이션 능력이 중요합니다. 저는 커뮤니케이션 능력을 향상하고자 현재 강남에 있는 전문 아카데미에 다니고 있습니다. 각 분야의 사람들을 만나려면 다양한 분야의 지식을 습득해야 한다는 생각에 한 달에 최소 열 권 이상의 책을 읽고 있습니다. 적극적인 성격을 키우려고 동호회 활동도 자주 참여하고 있습니다.

● 장기적인 목표는 무엇이며, 이 회사에서 얼마나 일할 것인가?

단순히 기간을 정해 두는 일은 장기적인 차원으로 보기 어렵다는 게 제 생각입니다. 절대 쉽지는 않겠지만, 반드시 해내고자 하는 마음가짐과 이를 이루도록 계획대로 실행하는 것이 장기적인 목표라고 생각합니다. 저의 이런 생각처럼 기간보다는 제가 이 회사에서 이루고자 하는 목표를 이룰 때까지 일하고 싶습니다.

● 10년 후 본인의 희망 연봉은? 10년 후 희망 연봉을 받으려고 어떤 노력을 기울일 것인가?

제가 ○○사의 급여체계에서 관리직도 영업분야처럼 성과급 제도가 있는지는 잘 모르겠습니다. 그러나 지금부터 10년 후면 완전하게 연봉제가 자리를 잡을 것이라는 점은 확실할 것으로 판단됩니다.

이를 토대로 예상해봤을 때 저는 입사 10년차 중 상위 5% 이내의 등급에 해당하는 연봉을 받고 있을 것입니다. 그래도 구체적인 액수를 말씀드려야 한다면 물가 상승분을 고려하지 않고, 현재 기준으로 최소 2억 원을 받았으면 합니다. 귀사의 성장속도를 봤을 때, 10년 후면 충분히 이 정도의 연봉은 줄 수 있다고 확신합니다.

상위 5%에 해당하는 연봉을 받으려고 저는 단순히 담당 업무를 잘 관리하고, 유지하는 것에 만족하지 않고 변화하는 환경에 맞는 업무 시스템을 끊임없이 개발하고, 철저하게 성과를 내는 사람이 되겠습니다.

서울에 바퀴벌레가 몇 마리 있을까요?

지금으로부터 불과 십여 년 전 우리나라에서는 지금과는 비교도 안 될 만한 위기상황이 도래했다. 대기업 몇 개가 쓰러지나 싶더니 말로 표현할 수 없을 만큼 비참한 상황이 전국에서 벌어졌다. 어떤 기업에서는 직원을 몇 십 프로 감원했다. 어떤 기업은 다른 주인에게 넘어갔다. 또 어떤 기업은 아예 통째로 자취를 감췄다.

집에 해고 사실을 알리지 않은 사람들은 양복을 입고 산으로 갔다. 양복을 보관해주고 등산복을 대여해주는 업소들이 늘어났고, 술집마다 대성통곡을 하는 사람들이 늘어났다. 하루아침에 신용불량자로 전락한 사람들이 생계를 위해 험한 일에 나섰다. 평범했던 아이 엄마가 은행 강도로 돌변했다. 평범했던 주부들이 노래방 도우미가 되었다.

배가 고파 일부러 범죄를 저지르고 감옥에 가는 사람들까지 생겼다. 실직의 충격에서 벗어나지 못한 사람들은 정신과에 갔고, 정신과에 가서도 치료가 안 되는 사람 중에는 극단적인 선택을 하는 사람도 있었다. 해고되지 않고 회사에 남아 있는 사람들은 야근에 시달려도 길거리를 배회하고 있을 동료 생각에 아무런 불평도 할 수가 없었다.

외환위기가 끝나면서 기업들은 결심했다. 이제부터 수익 창출에 이바지할 수 있는 역량을 가진 사람을 뽑겠다고 말이다. 특히 경쟁이 전혀 없는 블루오션을 찾아내는 창의성은 기업이 어떠한 상황에서도 수익을 극대화할 수 있는 핵심 역량으로 급부상하게 되었다.

　여기까지 깨달은 기업들은 고민에 빠졌다. 과연 창의성을 어떻게 평가할 것인가? 지원자가 창의성이 뛰어나다고 하는 말을 그냥 믿기만 하면 될까? 결국 창의성을 평가하려면 창의성과 관련된 과거의 성취 경험을 파악해야 한다고 결론을 내렸다. 또한 창의성을 파악할 수 있는 갑작스러운 질문을 던져보면 된다고 생각했다. 이러한 질문을 통해 순발력, 재치, 융통성 등 다양한 역량들을 파악할 수 있게 되었다.

　여기서는 창의력과 함께 순발력, 재치 등을 평가할 수 있는 질문과 답변 사례들을 모아보았다. 또한 최근에 많이 출제되고 있는, 상황 판단력을 평가하는 질문과 답변들도 같은 범주에 포함했다. 전혀 예상치 못한 어려운 질문들이 많지만, 침착하게 잘 생각하면 훌륭한 답변을 할 수 있을 것이다.

　여기서 중요한 것 두 가지가 있다.

　첫째, 모범 답안은 없다. 하지만 가장 나쁜 답은 있다. 그것은 당황한 모습을 보이면서 우물쭈물 가만히 있는 것이다. 혹시 황당한 질문을 받는다면 '아, 내가 합격할 확률이 높아지고 있구나!' 하면서 속으로 쾌재를 부르고 자신감을 얻기 바란다. 면접관은 탈락시키기로 마음먹은 면접자에게 절대 압박 면접이나 엉뚱한 질문을 하지 않는다. 왜냐하면 어차피 떨어질 사람을 굳이 기분 나쁘게 만들어 떨어뜨릴 필요는 없기 때문이다. 또한 돌아서면 모두 자신이 근무하는 회사의 고객이기 때문이다. 이색적인 질문에 대처하는 방법의 하나로 '구체적인 질문'을 권한다. 질문을 한다는 것은 문제를 구체화시킬 수 있고 문제를 풀어내겠다는 적극적인 의지로도 표현될 수 있다.

　둘째, "모르겠습니다"라든가 "생각이 나지 않습니다"와 같은 답변은 절대 금물이다. 이러한 답변을 하는 순간 당신은 '전혀 창의적이지 않은', '성의가 없는', '자신감이 없는', '전혀 적극적이지 않은', '사고가 유연하지 않은', '배짱도 없는' 등의 사람으로 낙인찍히게 될 것이다. 도저히 생각이 나지 않으면 "잠시 생각할 시간을 달라"고 면접관에게 요청하라! 이러한 요청만으로도 어려운 질문에 답변하고자 노력하려는 자세를 인정

받아 '적극성', '열의', '입사하고자 하는 의지' 등의 측면에서 높은 점수를 받을 수 있다. 잠시 생각할 시간에 답변을 정리하고 답변하도록 한다. '면접형 인간 되기'를 충실히 수행한 사람이라면 어렵지 않게 훌륭한 답변을 할 수 있을 것이다.

● 서울에 바퀴벌레가 모두 몇 마리 있을까요?

제가 집에 있을 때 보면 제 눈에 자주 뜨이는 바퀴벌레가 열 마리입니다. 사람들의 손에 죽을 각오를 하면서도 밖으로 나오는 것을 보면 분명히 가족을 거느린 가장 바퀴벌레가 틀림없습니다. 바퀴벌레의 번식력을 고려해보았을 때 적어도 한 마리당 100마리의 가족을 거느리고 있을 것이고, 이 말은 우리 집에 최소 1천 마리 이상 있다는 의미입니다.

개인적인 추측으로 서울에 300만 가구가 있다고 보았을 때, 서울에 최소 30억 마리는 있지 않을까 합니다.

● 백두산을 제주도로 옮기려면 모두 얼마의 시간과 비용이 소요될 것인가?

시간과 비용을 계산하기에 앞서 왜 옮기는지 이유를 알 수 있을까요? 제시하신 문제는 현실적으로 실현될 수 없는 질문이라고 생각합니다. 그 이유로는 첫째 물리적으로 불가능한 일이라고 판단됩니다. 두 번째 만약 도구의 발달로 물리적 한계가 극복되어 백두산이 제주도로 간다면 이미 그 산은 백두산이 아니라는 점입니다. 가능성의 여부를 따지기에 앞서, 시간과 비용을 산출해보기에 앞서 백두산을 제주도로 왜 옮겨야 하는지를 먼저 알아보겠습니다.

소요시간을 굳이 시간으로 표현한다면 1천 년 가까이 되는 시간이 걸리지 않을까 싶습니다. 즉, 불가능하다는 말입니다. 멀고 먼 미래에 현재 지구인과 다른 종족이 지구를 지배해 특별한 능력으로 백두산을 송두리째 제주도로 옮긴다면 모를까 그게 아니라면 설사 제주도에 산을 만들어도 그것은 결코 백두산이 될 수 없을 것입니다. 비용 역시 상상을 초월할 만큼 많이 들 것입니다. 차라리 그 비용을 통일을 이루는 데 투입하여 통일이 되면 굳이 옮겨오지 않더라도 언제든지 우리나라 사람들이 백두산에 가는 길이 열릴 것입니다.

● 서울 시내에 있는 전체 중국음식점의 하루 판매량을 논리적인 근거를 제시해 계산하면?

답변을 드리기 전에 질문을 드려도 되겠습니까? 이 질문의 목적이 궁금합니다. 즉, 제가 드린 답변이 어떻게 활용될 예정인지에 따라 요구되는 정확도도 차이가 나고 그 차이에 따라 그 정보를 확보하기 위하여 제가 투자할 시간도 달라지기 때문입니다. 하지만 지금 이 자리에서 주어진 시간 내에 답을 하라고 하신다면 먼저 계산을 위한 접근법에 대해 말씀드리겠습니다.

첫 번째, 연령대별로 월평균 자장면을 먹는 횟수를 설문조사하여 연령대별 인구로 추산해보겠습니다.

두 번째, 자장면이 중국음식점 매출에서 차지하는 평균비율을 파악합니다. 그리고 서울의 모든 중국음식점 매출에서 역산하여 나온 매출액을 자장면의 평균가격으로 나누어 본다면 약 70억 원 정도 될 것 같습니다.

중국음식점은 매우 많습니다. 개인이 운영하는 작은 가게에서부터 기업이 운영하는 큰 가게까지 다양합니다. 개인이 운영하는 가게는 하루 평균 200만 원 정도 판매하지 않을까 싶고, 기업이 운영하는 가게는 적어도 하루 평균 5천만 원 정도는 벌 것 같습니다. 요즘엔 기업이 운영하는 음식점도 느는 추세인 만큼 전체 판매량이 70억은 되지 않을까 싶습니다. 너무 어려운 질문을 갑작스럽게 받아서 제대로 답을 잘했는지 모르겠습니다.

● 본인의 이름으로 3행시를 지어보시오

최, 최고로
슬, 슬기로운 이 시대의 여성. 안녕하세요, 최슬기입니다.
기, 기대에 200% 부응해 보이겠습니다.

● 자신을 세 가지 색깔로 표현해보시오

뚜렷하고 카리스마 있는 검은색과 순수하고 솔직한 흰색, 칠하고 보면 기분이 좋아지고 밝아지는 파란색입니다. 제가 가진 카리스마를 바탕으로 영업관리팀에서 대리점들을 잘 관리해 나갈 것이며, 저의 솔직함이 회사의 신뢰도를 높이는 데 이바지할 것이라 확신합니다. 사람들은 저와 함께 있을 때 유쾌하다고 합니다. 이러한 장점 역시 극대화하여 시장을 넓혀나가는 데 크게 이바지하고 싶습니다.

● 자신을 세 가지 단어로 표현해보시오

첫째는 아메리카노입니다. 저는 커피를 매우 좋아합니다. 처음엔 그 맛을 싫어했지만 접하면 접할수록 중독될 수밖에 없는 게 아메리카노 커피였습니다. 저도 아메리카노처럼 점점 상대를 매료시킬 줄 아는 사람입니다.

둘째는 겨울 바다입니다. 겨울 바다는 조용하지만 진실합니다. 늘 있는 그대로의 모습을 보입니다. 저도 겨울 바다처럼 조용하면서 오래 바라보고 싶은 사람입니다.

셋째는 아카시아입니다. 아카시아는 우리나라에서 흔한 나무이지만, 흔하지 않은 향기로 사람들을 매료시킵니다. 저 역시 자신만의 향기로 길 가던 사람도 서게 하는 아카시아 같은 사람입니다.

● 자신이 영화 속의 어떤 캐릭터와 닮았다고 생각하는가? 그 이유는?

영화 〈시월애〉의 전지현 씨 캐릭터와 닮았다고 생각합니다. 혼자 시간을 보내는 것을 좋아하고 겨울 바다와 편지 쓰기를 좋아하는 감성적인 부분이 매우 닮았습니다. 그리고 사랑하는 사람이 생기면 그 덕분에 행복해하고, 이별의 아픔은 혼자서 삭이려 노력하는 모습이 매우 비슷합니다.

● 애인이 기다리고 있는데 야근을 해야 한다면 어떻게 하겠는가?

저 같으면 사정을 말하고 애인을 돌려보내겠습니다. 야근이 결코 즐거운 일은 아니지만 제가 해내야 하는 몫임엔 틀림없습니다. 개인적인 이유로 모두가 하는 일을 거스

르고 싶지 않습니다. 그리고 애인에게는 다음 기회에 미안한 마음을 담은 깜짝 선물을 주겠습니다.

● 상사가 불합리한 일을 시킨다면?

먼저 두 가지를 생각해보겠습니다. 제가 경험이나 지혜가 부족해서 그 일이 저에게 만 불합리하게 보이는 것인지, 그 누가 봐도 불합리하게 보이는 것인지에 대해서 말입니다.

만일 전자의 경우라면 솔직하게 이 일이 불합리하게 느껴지는데 상사의 의견은 어떠신지 물어보겠습니다. 만일 후자의 경우라면 응하지 않겠습니다. 물론 상사의 명령이므로 거절이 쉽지 않겠지만, 불합리하다는 이유를 밝히고 할 수 없다고 말하겠습니다. 불합리한 일을 시키는 사람이라면 기본적으로 상사로서의 자격이 없는 사람이라고 생각하기 때문입니다.

● 상사가 비리를 저지르는 것을 본다면 어떻게 하겠는가?

공개적으로는 일절 아는 체하지 않겠습니다. 하지만 상사에게 개인적으로 부당함을 똑바로 인식시켜 드리겠습니다. 적어도 상사 자신을 위해서라고 말하며 상사 스스로 비리를 뉘우치고 정리할 수 있도록 돕고 싶습니다.

● 무능력하고 고집불통인 동료가 자신에게 불가능한 부탁을 한다면 어떻게 하겠는가?

불가능한 부탁이 어떤 부탁인지는 모르겠습니다만 응하지 않겠습니다. 남에게 무언가를 부탁한다는 것은 결코 가벼운 일이 아니라고 생각합니다. 이것은 서로에게 매우 부담되는 일입니다. 설사 쉬운 부탁일지라도 그런데 하물며 불가능한 부탁을 막무가내로 한다면 이에 응해줄 필요가 없다고 생각합니다.

● 만약 상사가 야근을 하는 것을 보았다면 어떻게 하겠는가? 그 일이 자신과 아무 관련도 없는 일이라면 어떻게 하겠는가?

조금 이기적일지 모르지만 상사와의 관계를 따져 결정하겠습니다. 평소 제 노력과 관계없이 상사라는 이유로 저를 무시하는 분이라면 저와 관련 없는 일에 소중한 시간을 투자하면서 돕지 않겠습니다. 하지만 제가 직장생활을 하는 데 실질적으로, 정신적으로 도움을 주시는 상사라면 기꺼이 온 힘을 다해 돕겠습니다.

● 직장생활을 하다 보면 얄미운 상사가 있기 마련인데 어떻게 대응할 것인가?

예전에 국내 대기업 계열사에서 부사장의 직책을 맡으시고 은퇴하신 분께서 하신 말씀이 생각납니다. 그분은 무조건 상사를 존경해야 하고, 진심으로 상사를 모셔야 한다고 하셨습니다. 왜냐하면 상사는 저에게 보물지도를 주실 분이기 때문입니다. 후배보다 먼저 고통을 경험하면서 어디에 지뢰가 파묻혀 있는지, 어느 길로 걸어가야 하는지,

도착 지점은 어디인지 등을 가르쳐주는 사람이 바로 상사라고 생각합니다. 저에게 얄밉게 대하신다면 거기에는 분명히 이유가 있을 것입니다. 따라서 저는 상사에게 더욱 정성을 쏟겠습니다.

● 당신의 의견과 조직의 의견이 일치하지 않으면 어떻게 하겠는가?

당연히 조직의 의견을 따르겠습니다. 조직에 속하면 감정을 절제하고 공과 사를 구분하는 일이 가장 중요하다고 생각합니다. 서로 다른 남들이 모여 조직이 이루어지면 당연히 의견이 불일치하는 일이 많겠지만, 이런 때 각자가 자신의 의견을 고집한다면 조직은 유지되기 어려울 것입니다. 조직 내에서 최대한 전체의 의견을 존중하겠습니다.

● 상사가 불합리한 명령을 내릴 때는 어떻게 하겠는가?

기업이라는 곳은 모든 조직과 구성원이 회사의 경영 목표를 달성하기 위해 일사불란하게 움직이는 곳이라고 생각합니다. 따라서 불합리한 명령은 있을 수 없을 것입니다. 그러나 면접관님께서 말씀하신 불합리라는 측면에 초점을 맞추어본다면, 먼저 명령이 불합리하게 느껴진다는 것을 명확하게 말씀드리고, 이러한 명령을 하시는 이유를 정중하게 여쭤보겠습니다. 그래도 명령이 불합리한 것이라는 판단이 든다면 이러한 명령을 따르는 것은 회사에 손실이 될 것이므로 개인적인 불이익을 당한다고 할지라도 따르지 않겠습니다.

● 회사와 이성 친구 중 하나를 선택해야 하는데 합의점을 찾을 수 없으면 어떻게 하겠는가?

무척 어려운 질문입니다. 하지만 반드시 둘 중 하나를 선택해야 한다면 저는 이성 친구를 택하겠습니다. 돈으로도 살 수 없는 게 사람 마음이듯이 이성 친구라면 적어도 제 이득을 따져가며 만나는 사이는 아니라고 생각합니다. 물론 회사를 선택하지 않은 결과로 제가 쌓아온 이력과 경력이 무너질지 모르지만 다시 도전하겠습니다. 사랑의 힘이 오히려 실패를 성공의 도약으로 이끌어주지 않을까 합니다.

● 상사가 금연구역에서 담배를 피운다면 어떻게 하겠는가?

진담 반 농담 반 식의 간접적인 방법으로 상사에게 말하겠습니다. 예를 들면 "지금 사장님께서 순찰 중이시던데요" 식으로 말입니다. 그렇게 하면 저 역시 특별한 어려움이 없고, 듣는 상사도 특별히 기분 상할 일 없이 개선되지 않을까 싶습니다.

● 1년 동안 복사만 시킨다면 어떻게 할 것인가?

회사에서 주어지는 일은 아무리 사소한 것이라도 의미가 있다고 생각합니다. 제가 인턴 때 느낀 것인데 복사라는 업무 자체도 결코 쉬운 것이 아니었습니다. 특히 신기하게도 바쁜 일이 있을 때마다 복사기가 문제를 일으키는 것을 보았습니다. 그럴 때마다 대리님 한 분이 나서서 말끔히 해결을 해주시곤 했습니다. 비결을 물으니 신입 때 복사를 맡으면서 고장이 잦아 복사기에 대해 공부를 했다고 했습니다. 저는 그때 이분은 어느 자리에 가도 반드시 성과를 내고 인정을 받겠다는 생각을 했습니다. 이러한 성실함이 모여서 진정한 인재를 만들어주는 것이 아닐까 합니다.

● 나이 어린 선배가 차 심부름을 시킨다면 어떻게 대응할 것인가?

일단 조직이라는 곳에 몸을 담게 되면 선배나 상사의 나이는 중요하지 않다고 생각합니다. 조직에서 먼저 경험을 한 사람이라면 당연히 지식이나 지혜가 앞서 있을 것으로 생각합니다. 차 심부름을 시키는 것도 무엇인가 이유가 있을 것입니다. 너무 바쁘다든지 하는 등의 이유 말입니다. 이때 차 심부름이라도 해서 머리를 맑게 해 드리거나, 손님 접대에 도움이 된다면 그 일 자체도 회사의 발전을 위하는 것이 아닐까 합니다.

● 자신의 공로를 상사가 가로챈다면?

참으로 견디기 어려운 상황이 될 것 같습니다. 솔직히 말씀드려서 억울하기도 할 것이고, 화도 날 것 같습니다. 공개적으로는 함구하겠습니다만 상사에게는 그 부당함을 똑똑히 말하겠습니다. 물론 화가 나겠지만 스스로 감정을 억누르고 대신 "밥 한번 사주세요"라는 유화적인 말투로 자칫 나쁜 감정으로 남을 일을 만들지 않겠습니다. 그리고 다음부터는 이러한 일이 일어나지 않도록 자신의 성과를 철저하게 관리해 나가겠습니다.

● 회사 이익과 개인 이익 중 어느 것을 우선시하겠는가?

어렸을 때 들었던 "아빠가 좋아, 엄마가 좋아?"와 같이 참으로 답변 드리기 어려운 질문이라고 생각합니다. 솔직히 말씀을 드리자면 개인 이익이 아닌 개인의 행복을 우선시하겠습니다. 중소기업을 운영하시는 큰아버지께서 직원이 행복해야 회사가 잘되고, 행복한 직원이 회사를 위해 더 열심히 일한다는 말씀을 하신 적이 있습니다. 수십 년의 경험에서 우러나온 말씀이라고 생각을 하고, 저 역시 <u>스스로 행복해질 수 있도록</u> 온 힘을 다하겠습니다.

● 울릉도에서 근무할 수 있는가?

울릉도가 아니라 남해의 낙도에서도 근무할 수 있습니다. 회사에서 울릉도로 발령을 내신다면 그것은 저의 장점인 패기와 적응력을 높게 산 덕분이 아닐까 합니다.

그러나 이곳에서의 근무가 장기간 지속된다면 그때는 고민이 될 것 같습니다. 왜냐하면 젊은이로서 큰물에서 일하고 싶다는 생각은 누구나 갖고 있을 것이기 때문입니다. 저 역시 그러한 사람 중 한 명입니다. 어쨌든 남들이 해보지 않은 경험들을 그곳에서 축적해서 이후 회사의 리더가 되었을 때 유감없이 능력을 발휘하겠습니다. 또한 근무지의 환경이 기본적으로 좋으면 더할 나위 없이 좋겠지만, 무에서 유를 창조한다면 더욱 가치 있는 경험이 되지 않을까 생각합니다.

● 이라크로 발령이 나면 어떻게 하겠는가?

이러한 성격의 문제는 혼자 결정할 수 있는 문제가 아니라고 생각합니다. 직장생활을 하는 궁극적인 목적은 행복하기 위해서라고 생각합니다. 그런데 저의 경우는 제 개인의 행복과 만족 외에 가족들이 느끼는 행복감도 중요한 요소입니다. 따라서 이런 경우가 저에게 발생한다면 제가 열심히 일하는 데 근본적인 당위성을 제공하는 가족과 상의하여 결정하겠습니다. 하지만 개인적으로는 기꺼이 기쁜 마음으로 가겠습니다.

저는 새로운 도전을 기쁜 마음으로 즐길 마음의 준비가 되어 있습니다. 그리고 학창시절 주변 친구들로부터 "너는 사막에 발가벗겨 놓아도 살 수 있는 녀석이야"라는 말을 참 많이 들었습니다.

● 자신이 직원 열 명도 안 되는 중소기업 사장이라면 삼성전자에 합격한 사람을 어떻게 스카우트하겠는가?

작은 기업인만큼 삼성전자의 급여 수준을 당장 맞추어줄 수는 없겠지만, 현재 상황에서 온 정성을 쏟고 있다는 것을 솔직하게 보여주겠습니다. 그리고 급여 수준은 맞출 수 없는 대신 좋은 근무 조건을 들어 스카우트하겠습니다. 대기업과 같은 명찰은 달 수 없겠지만 그보다 중요한 보람을 느끼면서 직장생활을 할 수 있음을 말하고, 삼성전자보다 더 많은 개인적 지원을 해주겠다는 약속을 하겠습니다. 특히 3년 후, 5년 후, 10년 후, 20년 후 달라지는 회사의 비전에 대해 구체적이고 성실하게 설명을 하겠습니다.

● 우리 회사에 합격했는데, 더 좋은 곳에서 스카우트 제의가 들어왔다. 어떻게 하겠는가?

거절하겠습니다. 합격하고 나서 아직 만족할 만한 내공을 쌓지도 않은 상황에서 조건이 좋다고 다른 직장으로 옮기는 건 코앞에 보이는 일에만 치중하는 선택이라고 생각합니다. 저를 먼저 택해준 이곳에서 온 힘을 다해 기량을 쌓고 싶습니다.

● 로또 1등에 당첨되면 어떻게 하겠는가?

돈이 줄 수 있는 기쁨과 일이 줄 수 있는 기쁨은 다르다고 생각합니다. 벼락부자는 당장 하던 일을 때려치우고 흥청망청 쓰다가 결국은 거지 신세로 전락하곤 합니다. 그러나 일을 통해 거대한 부를 이룬 사람들은 재벌이 된 이후에도 온 힘을 다해 일합니다.

로또에 당첨되면 처음에는 당연히 여러 가지 유혹에 시달리겠지만, 이를 이겨내고 일을 하는 데에서 기쁨을 찾겠습니다. 물론 부모님께 집 한 채 사드리고, 제가 살 집을 하나 산 후 나머지는 은행에 저축해 놓겠습니다. 저축해 놓은 돈은 부모님과 상의해서 소중히 쓰겠습니다.

사회의 흐름을 잘 알고 있나요?

'기업은 욕심도 많지.'

기업에서는 신입사원 후보자들에게 바라는 것이 정말 많다. 이 중 대표적인 것이 사회가 돌아가는 것에 대한 관심사다. 도서관에 처박혀서 전공 공부만 하는 사람이 아닌, 전공 지식도 풍부하고 사회 전반에 대한 지식도 풍부한 사람이기를 바란다.

기업이 원하는 사회에 대한 지식은 단지 필기시험에서 100점을 맞는 데 도움이 되는 정도의 수준이 아니다. 사회의 흐름을 얼마나 잘 이해하고 있는지, 변화의 방향을 잘 알고 이에 대해 얼마나 잘 대처하고 있는지를 파악하고 싶어 한다. 특히 기업은 경제의 중요한 주체이기 때문에 지원자의 경제에 대한 지식과 이해가 넓고 깊기를 바란다. 요즘은 고객의 요구와 성향이 다양해지고 있기 때문에 대중문화, 예술, 스포츠 등의 분야까지도 관심을 두기를 바란다. 또한 우리나라는 정치적인 이해관계가 기업의 운명에 영향을 미치는 경향이 크기 때문에 정치 전반에 대한 흐름도 파악하고 있기를 바란다.

욕심쟁이 기업의 눈높이에 맞추려면 어떤 현상에 대해 단순히 설명을 잘하는 것만으로는 부족하다. 일련의 흐름을 파악하고 있음을 표현할 수 있어야 하고, 자신의 뚜렷한 견해를 가지고 있어야 하며, 때로는 앞으로 어떻게 될 것인지에 대한 예측도 말할 수 있어야 한다.

이러한 질문에 대해 답변할 때의 요령은 반드시 결론부터 이야기하고 그 근거를 첫째, 둘째, 셋째 등과 같이 나누어서 설명하는 것이다. 이렇게 답변을 해야 면접관이 이해하기가 쉽기 때문이다.

시사 문제에 부담을 가진 사람들이 많은데 걱정할 필요는 없다. 기업에서는 결코 기자나 논설위원을 뽑고자 하는 것이 아니므로 너무 세세한 부분까지 다 알고 있을 필요는 없다. 평상시에 신문을 보면서 굵직굵직한 이슈들을 중심으로 흐름을 파악하고, 면접 일정이 잡히면 최소한 최근 1개월 이내의 신문들을 훑어보아야 한다. 그럴 시간도 부족하다면 보수성향과 진보성향 신문들의 사설을 위주로 탐독하고, 같은 이슈에 대해 서로 반대되는 주장 속에서 자신의 의견을 정리해나가는 것이 도움이 된다.

● 대형유통업체의 횡포가 심하다는 주장에 대해 어떻게 생각을 하나?

방금 말씀하신 주장은 대형유통업체들 때문에 동네의 소규모 상인들이 피해를 보고 있다는 측면과 관계가 있지 않을까 합니다. 이러한 측면에서 본다면 그 주장이 반드시 옳다고 생각하지는 않습니다. 우리나라는 엄연히 경쟁에 의한 시장경제체제입니다. 규모가 크다고 해서 무조건 제한을 받아야 하는 것은 불합리합니다. 대형유통업체가 들어선다고 해서 무조건 소규모 상인들이 피해를 본다는 것도 너무 극단적인 생각이 아닐까 합니다. 소규모 상인들은 나름대로 생존 전략을 짜서 대형유통업체들과 경쟁을 펼쳐나가야 할 것입니다. 불리하다고 무조건 정부의 대책을 바라고, 물리적인 행동을 하는 것은 결국 본인들에게만 피해가 돌아갈 것입니다.

문제는 대형유통업체들이 불공정행위를 펼치는 것입니다. 얼마 전에도 어느 대형유통업체가 입점 업체들을 대상으로 상품권 강매에 나섰다고 하는데, 바로 이러한 사례들 때문에 대형유통업체들이 모두 손가락질을 받게 되는 것이 아닐까 합니다.

결론적으로 시장질서의 심판자인 정부가 적극적으로 나서서 대형유통업체들의 불공정행위 때문에 소규모 상인들이나 입점 업체들이 피해를 보지 않도록 적극적으로 규제해 나가야 한다고 생각합니다.

● 대형마트가 재래시장을 죽인다는 생각에 대해 어떻게 생각하는가?

대형마트가 재래시장을 죽인다는 생각에 동의합니다. 대량 물량공세와 편의성을 무기로 재래시장으로부터 소비자의 발길을 빼앗고 있습니다. 이토록 시장에서 늘어난 독과점현상은 나중에는 결국 재래시장의 몰락과 재래시장 상인들의 위기로 서민경제에 대한 위협이 될 것입니다. 서민경제에 위협을 주어 경제의 기초를 흔들 수 있는 일이 생긴다면 정부가 강력하게 규제를 해야 한다고 생각합니다.

● 대기업과 중소기업이 상생할 방안에 대해 말해보라

대기업과 중소기업 모두 우리나라 경제의 주춧돌들입니다. 우리나라 경제 발전을 위해서는 당연히 대기업과 중소기업이 상생을 해나가야 합니다. 그러나 상생이 이루어지지 않고 있어서 최근에 이 문제가 불거지는 것이 아닐까 합니다.

현실적으로 우리나라의 중소기업들은 경제적인 약자입니다. 대기업 의존율이 상당히 높기 때문입니다. 문제는 중소기업들이 대기업들의 불공정거래에 의해 상당한 피해를 보고 있다는 것입니다. 중소기업을 보호하는 것에 있어서는 정부가 적극적으로 개입을 해야 한다고 봅니다. 공정거래위원회나 금융감독원이 가진 권한을 제대로 휘둘러서 경제적 약자인 중소기업들을 보호해야 하고, 강력한 법집행과 구체적인 정책이 뒷받침되어야 할 것입니다. 이러한 전제조건 중 하나라도 빠지게 된다면, 대기업과 중소기업의 상생은 결코 이루어질 수 없을 것으로 생각합니다.

● 전직 외교통상부 장관의 딸이 해당 부서에 특채된 것에 대해 어떻게 생각하나?

우리나라에서 "개천에서 용 난다"라는 말이 사라진 지는 이미 오래되었습니다. 사실 전직 외교통상부 장관의 딸 특채와 같은 일들이 이미 오래전부터 있었으리라고 누구나 알고 있었을 것입니다. 최근 청문회에서 드러난 국무총리와 몇몇 장관들의 불법행위들이 밝혀지면서 빙산의 일각이 하나 더 드러났을 뿐이라고 생각합니다. 중요한 것은 이러한 고위층들의 행태가 젊은이들의 가슴에 크나큰 상처를 주고 있다는 것입니다.

저와 같이 기업에 입사하려고 하거나 고시를 준비하는 젊은이들은 이번 일로 분노하고 좌절하였을 것입니다. 이 와중에 행정고시 특채 비중을 50%로 늘리겠다던 정부계획이 백지화된 것은 그나마 다행이라고 생각합니다. 이제 법관이 되려면 비싼 등록금을 내야 하는 로스쿨에 입학을 해야 합니다. 출세의 기회에서조차 빈익빈 부익부가 되어가는 모습이 너무나도 안타깝습니다.

● 학자금 대출 제한 대학의 명단이 공개된 것에 대해 어떻게 생각하는가?

얼마 전 언론을 통해 부실한 대학교들을 보면서 놀란 적이 있습니다. 학교 건물이 채 지어지지 않은 채로 수업을 받아야 하고, 변변한 구내식당 하나 없어서 라면으로 끼

니를 때우는 학생들을 보면서 같은 젊은이로서 마음이 아팠습니다. 신입생 충원률이 매우 낮고, 교직원의 급여도 주지 못하는 대학교들은 마땅히 구조조정이 되어야 할 것이고, 그러한 측면에서 이번 조처는 대학들의 구조조정에 불을 붙일 것으로 생각합니다. 그러나 이러한 조치가 해당 학교의 재학생들에게 피해를 주게 되지는 않을까 하는 우려도 생깁니다. 부실대학 출신이라는 낙인이 찍혀 졸업 후까지 계속 불이익을 받게 될 수도 있기 때문입니다. 무엇보다 피해를 볼 수 있는 해당 대학 재학생들의 구제조치가 반드시 있어야 할 것으로 생각합니다.

● 개성공단의 경제적인 의미는?

개성공단은 북한의 값싼 노동력과 우리의 기술력이 더해져 북한 주민과 우리나라 기업들 모두에게 긍정적인 경제 효과를 기대하게 합니다. 경제 효과 외에도 남과 북의 지속적인 관계 개선에 이바지하는 상징적인 의미도 있습니다.

하지만 북한 정부가 정치·경제적으로 어려움에 빠질 때마다 개성공단을 볼모로 불리한 상황을 돌파하려 하고, 협상에서 유리한 조건을 얻어내려는 것이 문제라고 생각합니다. 이러한 마찰은 개성공단의 경제적 효과를 떨어뜨리고 외국인 투자자들의 관심을 떨어뜨리고 있습니다. 개성공단이 가진 경제적인 의미를 극대화하려면 정부의 대처 능력이 중요하다고 생각합니다.

● **자동차 제조 기술이 러시아로 유출되었다. 왜 이러한 일이 발생한다고 생각하는가?**

기술 유출이 일어나는 원인은 어느 한 가지에 국한된 것이 아닙니다. 현재 총체적인 난국의 상태에 놓여 있다고 생각합니다. 지난 5년간 외국으로 유출된 기술이 약 253조 원이나 된다고 합니다. 그러나 정부의 대책도 미비하고, 기업들의 보안의식이나 담당자들의 직업윤리도 부족한 상태입니다. 바로 이러한 복합적인 요소들이 기술 유출을 계속해서 만들어내고 있습니다. 더 심각한 것은 산업기술이 불법적으로 외국에 유출되는 사건이 매년 증가하고 있다는 것입니다.

앞으로가 더 문제입니다. 그동안 연구와 개발에 쏟아부은 노력의 결실로 국내 기업들이 핵심 기술들을 더 많이 보유하게 될 것이고, 치열한 경쟁 속에서 살아남으려고 수단과 방법을 가리지 않는 중국과 러시아 같은 나라의 기업들이 국내 연구원들에게 과거보다 더 강력한 방식으로 유혹을 보낼 것이기 때문입니다. 그러면 지금보다 더욱더 기술 유출의 가능성이 커지리라 봅니다.

이제 국내 기업 연구원들에게 애국심이나 도덕심만을 강조하는 것만으로는 부족합니다. 연구원들에 대한 적절한 대우가 이루어지지 않는 한 기술 유출은 막을 수 없을 것으로 생각합니다. 오로지 결과물로만 평가받는 연구진을 기술 개발에서 두드러진 실적이 없다고 퇴출시키기보다는 연구에 매진할 수 있는 환경을 만들어주고 결과물에 따른 적절한 보상을 해주는 토대를 마련해야 한다고 생각합니다. 또한 정부와 기업, 그리고 전문가 집단 모두가 위기의식을 가지고 유기적으로 움직여야 한다고 생각합니다.

● 청년 실업 문제를 해결할 방안은?

현 상황에서 기업에만 일자리 확충을 강요하는 것은 기업 경영에 어려운 결과를 가져올 것입니다. 따라서 현재 직장 생활을 하는 사원들의 임금동결과 함께 일자리 나누기 운동은 고학력 청년 실업을 해결할 수 있는 일시적인 방편에 지나지 않는다고 생각합니다. 근본적인 청년 실업을 위해서는 경쟁력 있는 산업 개발과 일자리 창출, 그리고 교육이 함께 이루어져야 한다고 봅니다. 특히 대기업과 중소기업이 상생해나갈 수 있도록 정부가 적극적으로 개입을 해서 대기업뿐만 아니라 중소기업들도 좋은 조건의 일자리들을 많이 만들어낼 수 있도록 하는 것이 핵심이라고 생각합니다. 또한 정부가 고용을 창출하는 기업 투자에 대해 세제지원을 대폭 늘리는 세제 개편안을 발표한 것은 매우 반가운 일이 아닐 수 없습니다. 그러나 이 개편안이 효과를 보려면 2012년 말에 종료되는 임시조처가 아닌 지속적으로 기업들에 혜택을 주는 항구적인 대책으로 만들어야 할 것입니다.

● 재벌 기업의 부자간 · 형제간 갈등에 대해 어떻게 생각하는가?

재벌 기업의 부자간 · 형제간 갈등은 그 원인을 다른 나라에서는 찾아볼 수 없는 혈연 중심의 기업지배 형식으로부터 찾을 수 있습니다. 이러한 재벌 기업 내의 경영권 다툼은 부자간이나 형제간의 다툼으로 끝나면 다행이겠지만, 그렇지 못하다는 것을 과거 전례로도 알 수 있습니다. 또한 경영권 다툼으로 기업이 휘청거리면 나라 전체에 미치는 영향은 엄청나게 클 것입니다. 그러나 현재의 분쟁들은 회사나 주주들의 이익에 개의치 않고 계속되는 상황이기 때문에 문제가 있다고 생각합니다. 재벌 기업의 경영문화에 변화가 필요하다고 생각합니다.

당신은 어떤 여성입니까?

여성 지원자라면 반드시 준비해야 하는 질문이 있다. 반면 남성 지원자가 반드시 준비해야 하는 질문은 없다. 그렇다면 왜 여성 지원자에게만 주어지는 질문이 따로 있을까?

우리나라는 전통적으로 남성우월주의 사상이 지배해왔다. 시대가 완전히 변해서 지금은 그럴 리가 없다고 주장하는 사람도 있겠지만, 아직도 사회는 남성 위주로 돌아가고 있음을 인정해야 한다. 세상이 달라진 것은 맞다. 그러나 과거보다 여성의 역할이 커졌다는 것이 달라진 내용의 핵심일 뿐 남성우월주의 세상이 여성우월주의 세상으로 바뀐 것은 아니다. 여성 지원자들은 억울해도 어쩔 수 없다. 정치, 경제, 사회 등의 요직은 대부분 남자의 몫이다. 이를 인정하지 못하고 온몸으로 거부하거나, 당장 여성 중심의 시대가 도래할 것이라는 막연한 희망만을 품는 사람은 기업에서 환영받지 못한다. 인정할 건 인정하고, 발을 딛은 현실 속에서 당당하게 경쟁을 할 수 있는 사람을 원한다.

여성 지원자에게만 주어지는 질문에 답변할 때 가장 중요한 점은 '기업에서의 경쟁은 남녀 구별이 있을 수 없다', '여자이기 때문에 특별한 대우를 받을 생각이 전혀 없다', 그리고 '여성으로서 갖는 강점은 오로지 성과를 내는 일에만 집중하여 발휘하겠다'라는 점을 보여주어야 한다는 것이다.

면접관: 여성으로서 어느 자리까지 오르고 싶은가?

홍길순: 팀장의 자리까지는 꼭 오르고 싶습니다.

TIP 기업은 꿈이 원대한 젊은이를 원한다. 지원자가 남자든 여자든 예외가 없다. 이러한 면에서 홍길순 양은 탈락할 수밖에 없다. 기업은 CEO의 후보자로서 신입사원을 뽑는 것이지 팀장 후보자를 뽑는 것이 아니기 때문이다.

 면접관: 여성으로서 어느 자리까지 오르고 싶은가?

홍길순: 당연히 OO사의 CEO입니다. 여자라고 해서 CEO의 자리에 오르지 못할 이유는 없다고 생각합니다. 우리나라는 아직 여성 CEO가 드물지만, 미국이나 유럽에서는 여성으로서의 강점을 살려 최고의 CEO로 존경받는 분들이 많습니다. 앞으로 우리나라에서도 훌륭한 여성 CEO가 많이 배출될 것으로 믿습니다.

● **여성으로서 경영자가 되고 싶은가?**

당연히 그렇습니다. 전문 경영인이 되고 싶은 것은 기업에서 일하고자 하는 젊은이라면 그가 여성이든 남성이든 상관없이 누구나 가슴에 품는 포부라고 생각합니다.

물론 그동안 여성이 전문 경영인으로 성장하는 데 장애가 되었던 사회적 분위기도 있었고, 여성 자신도 여성이라는 이유로 성장의 한계를 두는 경향이 강했다고 생각합니다.

그러나 앞으로는 달라져야 한다고 생각하고, 분명하게 달라지리라고 확신합니다. 이미 국내 주요 기업들에서 능력 있는 여성들이 주요 임원의 자리를 차지하고 있다는 점은 매우 고무적입니다. 특히 위기상황에서는 남녀를 가리지 않고, 이를 극복할 능력이 있는 인재를 발탁하여 전문 경영인으로 성장시키는 것이 중요하다고 생각합니다. 여성이기 때문에 진급에 제한을 두는 기업은 이제 경쟁력을 상실할 수밖에 없을 것입니다.

● 존경하는 여성 CEO는?

사실 얼마 전까지 국내에서 존경하는 여성 CEO가 없었습니다. 그만큼 우리나라의 여성 CEO가 드물기 때문일 것입니다. 그러나 최근 현정은 회장님을 존경하게 되었습니다. 현 회장님은 현대가의 며느리로서 남편이 경영에만 집중할 수 있도록 내조하는 역할을 하다가, 남편을 잃는 큰 아픔을 겪었음에도 좌절하지 않고 경영 전면에 나서 몰락할 위기에 빠진 그룹을 살려내었습니다. 여기에서만 머물지 않고, 경색 국면에 빠진 남북 관계를 해결하기 위해 직접 나서 북한에 억류된 개성공단의 남측 직원을 가족의 품에 돌아가게 함으로써 전 세계의 주목을 받기도 하였습니다. 물론 처음에는 우리 정부로부터 유리한 조건을 얻어내기 위한 북한의 전략에 어려움을 겪기도 하였지만, 이에 휘둘리지 않고 꿋꿋하게 버텨낸 결과 애초의 목표를 달성한 현 회장님을 보면서 집념이라는 것이 무엇인지 절감할 수 있었습니다.

● 몇 년 동안 근무할 계획인가?

만일 제 의지대로 근속 연수를 결정할 수 있다면, 당연히 60세 이상까지 하고 싶습니다. 요즘 삼팔선, 사오정, 오륙도라는 말들도 나오지만, 그건 전체의 문제가 아니라고 생각합니다. 철저하게 자기관리를 하고, 자신의 역량을 개발해 나가며, 기업이 수익을 달성할 수 있도록 꾸준히 성과를 내는 사람이 된다면 어느 조직에서나 오랫동안 일을 할 수 있다고 생각합니다. 저는 귀사에서 장기근속 30년을 기념하는 메달을 받고 싶습니다. 이 메달은 제가 조직을 위해서 온 힘을 다한 사람이었음을 증명하는 것이 될 것입니다.

● 결혼하면 직장은 어떻게 할 것인가?

불과 10여 년 전만 해도 결혼을 하거나 아이를 갖게 되면 자의 반 타의 반 직장을 그만두어야 하는 때가 있었다고 들었습니다. 여자는 집에서 살림만 해야 하고, 육아는 무조건 여성의 몫이라는 인식이 지배적인 사회 분위기 때문이었다고 생각합니다. 또한 이러한 분위기에 대해 아무런 문제의식 없이 당연하게 받아들인 여성들 스스로의 몫이라고 생각합니다.

이제 시대가 바뀌고 있다고 생각합니다. 아직도 면접에서 이런 질문이 나오는 것을 보면 여성의 직장과 결혼이 상충하는 것으로 받아들여지는 분위기가 남아 있다고 봅니다. 저에게 있어서 결혼이란 직장을 그만두어야 하는 사유가 아니라 가정을 꾸리게 됨으로써 얻게 되는 안정성이 오히려 더 조직에 이바지하게 하는 요소가 되지 않을까 합니다. 저에게 결혼은 직장생활에 플러스 요인이 될 것이라 자신합니다.

● 차 심부름 같은 것을 어떻게 생각하나?

요즘과 같이 창의성이 중요한 시대에 과거의 구태의연한 사고방식은 정말 없어져야 한다고 생각합니다. 차 심부름은 여성 직원의 전유물이라는 생각 또한 이러한 사고방식 중 대표적인 하나가 아닐까 합니다. 물론 회사가 차 심부름만 전담하는 직원으로 어떤 여직원을 채용했고, 자신도 업무 내용이 차 심부름이라는 것을 인식한 상태라면 아무런 문제가 없을 것입니다.

그러나 본연의 업무가 있는 여직원에게 단지 여자라는 이유만으로 차 심부름을 맡게 하는 것은 맞지 않다고 봅니다. 필요한 경우 남자 직원이나 여자 직원이나 다 차 심부름을 할 수도 있어야 한다고 생각합니다.

● 회사에서 여사원의 역할을 어떻게 생각하나?

기업의 임원이나 총수들의 비서를 보면 대부분이 여성입니다. 이는 여성이 가지는 장점이 기업을 대표하는 분을 보좌하는 역할과 잘 맞기 때문이라고 생각합니다. 그것은 바로 세심함, 꼼꼼함, 그리고 따뜻함 등일 것으로 생각합니다. 항상 바쁜 일정에 쫓기고 그 가운데에서도 끊임없이 무언가를 결정해야 하는 분들이 언제나 좋은 상태에서 최적의 결정을 내리게 하는 데 여성으로서의 장점들이 큰 도움이 된다는 뜻입니다.

이를 비서 업무에만 국한하지 않고, 전체 회사로 확대해보면 결국 모든 스텝의 업무는 기업의 대표이사가 항상 최고의 결정을 내릴 수 있도록 해주는 것이라고도 볼 수 있지 않을까 합니다. 이러한 면에서 여성이 가진 강점들은 회사의 성장에 크게 이바지를 할 수 있다고 생각합니다. 저도 이러한 점들을 통해 귀사에 이바지하고 싶습니다.

● 배우자나 시댁에서 회사를 그만두라고 하면 어떻게 할 것인가?

저는 항상 저의 판단과 결정을 믿습니다. 저의 배우자라면 제가 귀사에서 훌륭한 경영자로 성장하고 싶어 하는 꿈과 열정을 존중해 줄 것으로 생각합니다. 상대방의 꿈을 지지해주지 못하고, 일방적인 강요를 한다면 차라리 결혼하지 않는 것이 나을 것입니다. 틀림없이 저의 배우자는 저의 꿈을 소중하게 생각하고 지지해줄 것입니다.

만일 시부모님이 저의 직장생활을 반대하신다면, 온 정성을 쏟아 저의 꿈에 대해 말씀을 드릴 것입니다. 저의 배우자를 낳고 길러주신 분이라면 결국 저를 응원해주실 것으로 생각합니다.

● 여성의 흡연에 대해 어떻게 생각하는가?

저는 흡연을 해본 적이 없습니다. 여성이기 때문에 하지 않은 것은 아닙니다. 종교적인 신념도 있고, 건강을 위한 결정이기도 했습니다. 제 친구 중에는 흡연하는 친구도 있습니다. 저는 그런 친구에게 가끔 핀잔을 주기도 합니다. 그러나 이 핀잔은 여성이 흡연을 하기 때문이 아닙니다. 친구를 사랑하는 마음에서 건강을 생각하라고 하는 핀잔입니다. 흡연은 남성이든 여성이든 똑같이 누릴 수 있는 권리입니다. 단, 다른 사람에게 해를 끼치지 말아야 하고, 자신의 건강을 해치는 일만은 없어야 한다고 생각합니다.

● 여성들은 입사 당시에는 일을 잘하지만 결혼하고 자녀가 생기면 전처럼 일에 몰두하지 않는 경향을 종종 보인다. 이에 대한 자신의 생각은?

왜 그런 말들이 나오는지 충분히 이해할 수 있습니다. 여성인 저조차도 그런 생각을 해본 적이 있었기 때문입니다. 제가 그런 생각을 하게 된 건 제 맏언니의 직장생활을 보면서 부터였습니다. 저와 나이 차이가 많이 나는 언니는 일찍 직장생활을 시작했습니다. 맞벌이를 해야 하는 상황이어서 결혼을 하고, 아이가 태어났음에도 일을 그만둘 수 없었습니다. 언니는 어린이집에 아이를 맡기고 부랴부랴 출근하고, 야근이 있어도 아이 때문에 퇴근할 수밖에 없는 생활이 계속되었습니다. 결국 육아와 직장생활을 동시에 하는 것을 힘들어한 나머지 회사를 그만두게 되었습니다.

그렇게 1년을 쉬고 언니는 지난해부터 외국계 기업에 나가게 되었습니다. 이 회사는 자체적으로 탁아소를 운영하여 아이가 있는 직원이 업무에만 집중하도록 해줍니다. 이 회사에서 근무하면서부터 언니는 행복하고 만족스러운 직장생활을 하고 있습니다. 많은 성과를 내서 올해 초에는 모범사원 상을 받기도 하였습니다.

결국 여성들은 결혼하고 자녀가 생기면 전처럼 일에 몰두하지 않는 것이 아니라, 환경적인 요소로 일에 몰두하지 못하는 것입니다. 이제 모든 기업은 여성들이 일에 몰두할 수 있는 분위기를 만들어 주는 것을 적극적으로 검토해야 한다고 생각합니다. 이는 각자의 개별적인 문제가 아닙니다. 회사의 성장과 직결된 문제입니다.

● 업무 수행 능력은 남성이 더 뛰어나다는 태도에 대해 어떻게 생각하는가?

언뜻 들으면 여성에 대한 편견이 숨겨져 있는 말일 수도 있겠지만, 모든 여성이 한 번은 새겨들어야 하는 말이라고 생각합니다. 이러한 인식이 오래되었고, 지금도 계속

된다면 그것은 터무니없는 편견이나 헛소문이 아닐 것입니다. 분명히 이유가 있을 것입니다. 그래서 남자 직원보다 더 많이 고민하고, 더 열심히 일해야 할 필요가 있다고 생각합니다. 여성으로서 항상 보호받아야 하고, 궂은일은 할 수 없다는 소극적인 태도도 문제라고 생각합니다. 저는 귀사에 입사하여 여성으로서의 장점을 살려 업무 수행 능력이 뛰어남을 꼭 보여 드리고 싶습니다.

● 여자라서 남자보다 연봉이 더 적다면 어떻게 하겠는가?

A사의 인사팀에서 인사 시스템을 담당하는 선배로부터 기업이 직원의 성과를 향상하기 위해 얼마나 치열하게 고민하는지 들을 기회가 있었습니다. 이러한 고민은 연봉제와 같은 급여 시스템에도 반영되어 있는데, 남성이든 여성이든 상관없이 성과를 내는 직원이 더 많은 급여를 받을 수 있도록 평가와 보상체계가 빈틈없이 설계되어 있다고 들었습니다. 기업의 이러한 노력을 보면 무조건 여자이기 때문에 남자보다 연봉을 더 적게 받는 일은 발생하지 않으리라고 생각합니다. 여자라는 이유만으로 연봉을 적게 받고, 진급에서 빠지는 기업은 이제 설 자리가 없을 것이라 확신합니다.

● 남자가 많은 회사인데 어떻게 적응할 것인가?

여자가 많은 곳에서 남자는 머슴이 되고, 남자가 많은 곳에서 여자는 공주가 된다는 우스갯소리가 있습니다. 저는 우스갯소리 하나에도 진리가 담겨 있다고 생각합니다.
저는 남자 직원이 많은 것은 전혀 문제가 되지 않습니다. 오히려 여성으로서의 장점을 살려서 남자 직원들보다 조직에 더 잘 적응하고, 더 많은 성과를 보여줄 수 있는 절호의 기회로 여기겠습니다. 남학생이 90%를 차지하는 학과에서 학생회장을 했던 저의 경력을 눈여겨봐 주셨으면 좋겠습니다.

● 지방 근무가 가능한가?

당연히 가능합니다. 여자라고 해서 지방 근무를 부정적으로 생각하지 않습니다. 저는 귀사의 서비스가 제공되는 주요 각 지점을 모두 다 경험하고 싶습니다. 그곳이 어디라고 상관없습니다. 되도록 젊은 시기에 현장에서 근무하고 싶습니다. 장소를 가리지 않는 저의 적극성과 현장 경험은 나중에 제가 귀사에서 훌륭한 경영자로 성장하는 데 있어서 커다란 밑거름이 될 수 있을 것으로 생각합니다.

Knowhow 10

그게 말이 되나요?

외환위기라는 초대형 위기를 겪고 나서 기업에서는 위기관리 능력이 직원을 뽑는 기준 중 핵심 요소로 자리를 잡게 되었다. 위기관리 능력을 가장 잘 파악할 방법은 바로 지원자를 위기상황에 빠뜨리는 것이다. 이를 위해 도입된 것이 압박 면접 혹은 스트레스 면접이다. 면접을 보려고 면접장에 들어온 지원자를 바로 나가라고 하거나, 지원자의 답변마다 말꼬리를 잡아서 기분 나쁘게 만들거나, 호통을 치거나, 비웃거나 하는 등의 방식이 대표적이다.

직장생활은 스트레스의 연속이기 때문에 스트레스를 관리하지 못하는 사람은 조직생활에서 금방 도태될 수밖에 없다. 면접은 스트레스 관리 능력을 보려고 실시하기도 한다.

압박 면접은 질문이나 호통을 통해서 이루어진다. 예를 들면 "그게 말이 돼요?", "당신은 절대로 이 일을 잘할 수가 없어", 혹은 "다른 일이나 알아보세요" 등이 있다. 진심으로 우리 회사에 입사하고 싶어 하는지를 알아보려고 이 방식을 쓰기도 한다.

압박 질문을 한다고 해서 주눅이 들거나 표정이 굳어지면 그 순간 면접관의 머릿속에서는 '저렇게 쉽게 감정이 상해서 어떻게 조직생활을 잘할 수가 있겠어?', '겨우 이 정도의 말 가지고 주눅이 들다니, 자신감이나 적극적인 의지가 하나도 없군' 등의 평가가 이루어짐을 명심해야 한다.

　면접을 보려고 먼 곳에서부터 온 지원자에게 면접관이 화를 낼 이유는 하나도 없다. 처음 만난 지원자가 갑자기 미워 보일 리도 없다. 면접관이 건방져 보이거나, 화를 내거나, 호통을 친다면 당황하지 말고 '압박 면접이 시작되는구나!'라고 생각하며 침착하게 대응하면 된다. 압박 질문은 입사하고자 하는 적극적인 의지와 열정을 보여줄 수 있는 절호의 기회임을 절대 잊어서는 안 된다.

● **(지원자가 면접장에 입장하자마자) 죄송합니다. 저희가 잘못 불렀네요. 그냥 집에 돌아가세요**

　너무도 갑작스러운 말씀에 제가 어떻게 해야 할지 모르겠습니다. 만일 서류를 보시고 조금 전에 저에 대한 평가가 바뀌셨다면 제게 만회할 기회를 주셨으면 좋겠습니다.
　제가 이 회사에 입사하기 위해서 얼마나 많은 노력을 기울였는데, 저를 보자마자 그런 말씀을 하시니 정말 서운합니다. 부디 저에게 기회를 주십시오.
　만일 귀사의 절차적인 실수로 오늘 제가 잘못 오게 되었을지라도 이것도 기회라고 생각합니다. 제게 다른 지원자들과 같은 기회를 주신다면 제가 이 회사에 도움이 될 수 있는 역량을 바로 이 자리에서 보여 드리고 싶습니다.

● **아무리 생각해도 우리 회사와는 맞지 않는 것 같아요. 다른 회사에 가시는 게 어떠신지?**

　면접관님께서 그런 생각이 드셨다면 그것은 모두 저의 책임입니다. 저에게 많은 기회를 주셨지만 저만의 강점을 충분히 보여 드리지 못했고, 귀사의 인재상에 들어맞는 사람이라는 것을 적절하게 표현하지 못한 것 같습니다. 온 힘을 다하고자 하는 저의 열의가 부족한 표현력 탓에 드러나지 못하여 너무나 안타깝습니다.

다만 제가 너무 긴장해서 그랬다는 점을 이해해주셨으면 합니다. 제가 이 회사에 들어오고 싶은 열망이 없었다면 이토록 긴장하지는 않았을 것입니다. 열망이 큰 만큼 긴장하였고 많이 떨기도 했습니다. 제가 귀사와 맞는다는 점을 다시 한 번 말씀 드리고 싶습니다. 기회를 허락하여 주시기 바랍니다.

● 당신은 우리 회사와는 맞지 않은 것 같네요. 더 이야기할 필요 없겠어요. 돌아가세요

죄송합니다만 제가 회사와 어떤 면에서 맞지 않는지 이해하기 쉽게 설명을 해주실 수 있겠습니까? 제가 구체적인 설명을 듣고자 하는 이유는 크게 두 가지 측면입니다.

첫째로 제 개인적으로 이 회사를 확실하게 포기하기 위해서입니다. 제가 회사와 맞지 않은 이유가 제가 앞으로 노력해도 달라질 수 없는 이유, 즉 졸업한 대학교나 학점 같은 것이라면 기꺼이 포기하겠지만, 앞으로 저의 노력으로 변화될 수 있는 요소, 예를 들면 영어 점수나 프레젠테이션 기술 같은 부분이라면 더욱 노력해서 다시 지원해보고 싶기 때문입니다.

두 번째는 회사적인 측면입니다. 제가 입사하지 않더라도 저는 이 회사의 고객입니다. 단 한 사람의 고객이지만 회사의 불충분한 설명으로 미래의 고객을 잃어버리는 것은 열 명의 고객을 새롭게 확보하는 일보다 중요하기 때문에 회사로서도 충분하게 설명해주실 필요가 있다고 판단됩니다. 따라서 저와 회사를 위한 올바른 판단을 하고자 제가 회사에 맞지 않은 이유를 설명해주시기 바랍니다.

● 아무리 생각해도 지원하신 업무와는 맞지 않는 것 같아요. 다른 업무를 하시는 게 어떠실지?

그런 평가를 하신 것은 아무래도 저의 전공 때문이 아닌가 합니다. 인문학을 전공하고 마케팅 업무를 한다는 것이 어떻게 보면 맞지 않는다고 생각될 수도 있을 것 같습니다. 기업의 마케팅 실무는 업무를 하면서 익혀나갈 수 있다고 생각합니다. 그동안 귀사에서 쌓아오신 교육 노하우와 업무 매뉴얼이라면 저와 같은 비전공자도 금방 적응할 수 있고, 높은 성과를 낼 수 있도록 해줄 것이라 믿습니다.

또한 제가 인문학을 전공한 것이 오히려 귀사에서 장점으로 작용할 수 있을 것이라는 점을 강조 드리고 싶습니다. 요즘 마케팅의 트렌드는 고객의 감성을 자극하는 것으로 생각합니다. 마케팅 이론이나 실무적인 지식은 하드웨어입니다. 감성은 소프트웨어입니다. 저는 대학 다닐 때 마케팅의 하드웨어는 갖추지 못했지만, 최근 마케팅의 핵심인 소프트웨어를 갖추고 있습니다. 하드웨어는 OO사에서 제공해주십시오. 저는 고객을 사로잡을 수 있는 감성 소프트웨어를 장착해 드리겠습니다.

● 취직하려는 열의가 느껴지지 않네요

정말 죄송합니다. 제가 몇 번의 취업 실패를 경험하고서 한동안 좌절도 하였지만, 다시 일어섰다고 자신을 해왔는데 그런 지적을 받으니 아직도 보완해야 할 점이 많다는 생각이 듭니다. 제 가슴 속에 있는 열정을 꺼내 보여 드리고 싶었으나 너무 긴장한 나머지 그러질 못한 것 같습니다. 저에게 한 번 더 기회를 주시고자, 즉 정신을 차려서 마지막까지 온 힘을 기울이게 하시려는 좋은 의미로 받아들이고 싶습니다. 다시 한 번 귀사에 입사하고자 하는 열의를 표현할 기회를 주셨으면 합니다.

● 지금 하신 말은 너무 무책임한 말 아닙니까?

정말 그렇게 느끼셨다면 죄송합니다. 다시 말씀드릴 기회를 주십시오. 다시 말씀드려도 되겠습니까? (기회를 허락받으면) 잠시 생각할 시간을 주셨으면 합니다. (허락을 받으면 내용을 잘 정리하여 차분하게 다시 답변한다.)

● 그래서 결론이 뭐예요?

죄송합니다. 어려운 주제이기도 하고, 너무 긴장한 탓에 명쾌한 답변을 드리지 못한 것 같습니다. 다시 한 번 답변할 기회를 주신다면 잘 정리해서 말씀드리고 싶습니다. (기회를 부여받으면) 먼저 결론부터 말씀드리겠습니다. 저는 그 점에 대해 찬성합니다. 그 이유는 세 가지 측면으로 말씀드리도록 하겠습니다. 첫째는… 둘째는… 셋째는…….

● 지금 하신 말씀, 믿어도 되나요?

네, 믿으셔도 됩니다. 만일 제가 방금 드린 말씀에서 신뢰감을 드리지 못했다면 저의 불찰입니다. 죄송합니다. 너무 긴장한 탓에 제대로 된 설명을 해 드리지 못한 듯합니다. 저는 항상 제가 한 말에 책임을 지는 사람이고, 어떠한 상황에서도 신뢰감을 잃지 않도록 온 정성을 쏟으면서 살아왔습니다. 저의 신뢰감에 대해서는 앞에서 설명 드린 바 있습니다만, 면접관님의 지적을 받으니 신뢰도 면에서 제가 아직도 보완해야 할 점들이 많다는 것을 느낍니다. 좋은 지적 감사드립니다.

● 그런 자세로 도대체 무슨 일을 할 수가 있겠어요?

부족한 모습 보여 드려 죄송합니다. 너무 긴장한 나머지 제가 온 힘을 다하려는 자세를 보여 드리지 못한 것이 아닐까 합니다. 그러나 이것은 저의 본모습이 아닙니다. 다시 한 번 기회를 주셨으면 합니다. 자세를 가다듬고 다시 말씀드리고 싶습니다. (기회를 부여받으면 좀 더 진지한 표정으로 차분히 답변한다.)

● 인상이 별로 좋지 않네요

지적해주셔서 감사합니다. 제가 지금 너무 긴장해서 저의 웃는 모습을 보여 드리지 못했습니다. 누구나 긴장한 표정은 좋지 않은 인상을 준다고 생각합니다. 저 역시 그런 이유로 좋지 않은 인상을 심어 드렸나 봅니다. 제 일생일대의 중요한 장소에 와 있다는 것이 저로 하여금 긴장하게 한 것 같습니다. 다음에 뵐 때는 환한 미소로 인사드리겠습니다. (이때 반드시 미소를 보여 드린다.)

마지막으로 할 말이 있나요?

면접이 다 끝나갈 무렵 면접관은 면접자에게 마지막 기회를 준다. 보통 면접자들은 눈치 채지 못하지만 "자, 마지막으로 하실 말씀 있으신 분은 말씀해주세요" 또는 "마지막으로 질문 있으신 분은 질문해주세요"라는 말은 바로 면접관이 면접자에게 주는 마지막 기회라고 보면 된다.

지금까지의 면접 내용이 만족스럽지 못했다거나 마지막 굳히기를 해야겠다고 판단된다면 면접관의 질문이 떨어지자마자 지체 없이 손을 들어야 한다. "네, 면접관님. 제가 말씀 드리겠습니다" 또는 "네, 면접관님. 제가 질문 드리겠습니다"라고 큰 목소리로 외쳐야 한다. 이는 적극성을 나타내며 자신감의 표출이라고 볼 수 있다.

절대로 창피하다고 가만히 있어서는 안 된다. 만약 개별적으로 물어보는데 "네, 드릴 말씀 없습니다" 또는 "네, 질문 없습니다"라고 답한다면 합격은 기대하지 말아야 한다. 특히 여학생이라면 같이 면접 보는 남학생들보다도 먼저 손을 들고 씩씩하게 답변해야 한다.

● 마지막으로 하실 말씀 있으신가요?

　준비한 본인만의 필살기를 보여주지 못했다면 이때를 기회로 적극적으로 피력해야 한다. 회사에 입사하고픈 의지를 간절하고 진실하게 표현해야 하며, 만약 이 질문을 하지 않더라도 기회를 봐서 "면접관님, 혹시 마지막으로 드릴 말씀이 있는데 말씀 드려도 되겠습니까?"라고 정중하게 요청 드린 후 자신 있게 말해야 한다.

　이때 지원회사의 매장 방문 경험, 경쟁사와의 비교 분석 등을 통하여 느낀 점 및 개선점 등을 말하는 것이 효과적이다.

● 마지막으로 질문 있으신 분 질문해주세요

　면접관이 마지막 질문을 요청할 때에는 지원회사 또는 지원직무와 관련된 것으로 하는 것이 바람직하다.

　예를 들어 "○○사의 좋은 문화에 대해 알고 싶습니다." 또는 "○○사의 마케팅팀 신입사원으로서 갖추어야 할 가장 중요한 역량이 무엇인지 알고 싶습니다"라는 질문을 통하여 지원회사 또는 지원직무에 관심이 있음을 보여주는 것이 바람직하다. 이때 주의해야 할 사항은 너무 어려운 질문을 하여 면접관을 당황시키는 일이 절대로 없어야 한다.

부록

단독 모의 면접 및 코칭 사례

4인 1조 모의 면접 진행 사례

프레젠테이션 모의 면접 및 코칭 사례

말의 속도를 조절하고 발음연습을 강화하라!

합격 사례 BEST 10

1. 단독 모의 면접 및 코칭 사례

모의 면접에 참석한 사람은 갓 대학을 졸업한 남성으로 10여 개 기업의 문을 두드렸고, 수 차례 서류전형을 통과하여 1차 면접의 기회를 얻었으나 모두 탈락했다. 면접 준비는 면접을 보러 가기 전 친구들과 몇 번 해본 것이 전부였다. 여러 번 탈락하다 보니 자신감이 많이 떨어져 있었고, 자신이 왜 면접에서 떨어지는지 정확한 이유를 알지 못하고 있었다.

진행은 먼저 모의 면접을 하고 나서 세부적인 사항들에 대해 코칭을 하는 방식으로 필자의 질문, 면접 준비자의 답변, 그리고 답변에 대해 코칭을 해주는 과정으로 이루어졌다. 여기서는 편의상 필자를 '평가자'로, 참석자는 '지원자'로 표현을 했다.

코칭 내용은 모두 피가 되고 살이 되는 내용이니, 그 어느 것 하나 소홀히 여기지 말아야 한다. 여기에 나오는 사항들을 충실하게 익히면 전문가 없이도 친구들이나 동료와 모의 면접을 훌륭하게 진행할 수 있을 것이다.

참고로 이 참가자는 국내 대기업 계열사인 W사에 지원했다. 신입사원 1명을 뽑는 전형이었는데, 약 700명이 지원을 하였고, 최종 면접에는 7명이 올라갔다. 결과는 최종 합격이었다.

평가자: 자, 시작하겠습니다. 지원자께서는 문밖으로 나가서 노크하고 나서 면접장
안으로 들어오시기 바랍니다.

지원자: 네, 알았습니다.

지원자가 문을 열고 밖으로 나간다. 잠시 후, '똑똑' 소리가 들린다.

평가자: 들어오세요.

지원자가 문을 열고 들어온다. 평가자와 눈이 마주쳤는데 그냥 외면한다. 고개를 약
간 숙이고 의자 앞으로 걸어간다. 매우 굳은 표정이다. 지원자는 쭈뼛쭈뼛거리다가 고
개를 까딱하고는 "안녕하세요. 지원 번호 1번 최○○입니다"라고 말한다. 평가자가 가
만히 있자 의자에 앉는다.

평가자: 1분간 자기소개를 해보시죠.

지원자: 네, 저는 ○○대학교 신문방송학과를 작년에 졸업하고, 이번에 ○○사에 지
원한 최○○라고 합니다. 저는 귀사의 국외영업팀에서 일하고 싶습니다. 대
학 내내 장학금을 한 번도 놓치지 않았습니다. 학점은 4.5 만점에 4.27일
정도로 우수합니다. 외국어 능력은 토익 점수를 보시면 알겠지만 900점을
넘습니다.

평가자: 본인의 장점을 말해보세요.

지원자: 네, 제 장점은 학점이 높다는 것, 영어를 잘해서 국외영업팀에 잘 맞는 사람
이라는 것, 그리고 대학을 다니면서 다양한 활동을 해보았다는 것입니다.

평가자: 최근에 본 영화 있나요?

지원자: 네, 〈해운대〉를 봤습니다.

평가자: 영어를 그렇게 잘한다고 하셨는데, 〈해운대〉의 내용을 영어로 말씀해주시죠.

지원자: (당황한다.) 아, 네. 해보겠습니다. 음… 음……. I saw a movie recently. Umm… The title of the movie is 'Haeundae'. Umm… I watched it with my friends. Umm… It was very interesting and Umm… and impressive. There are four main characters…….

평가자: 됐어요. 영어 잘하신다더니. 잘 못하시네요.

지원자: 죄송합니다. 너무 긴장해서… 게다가 예상치 못했던 질문이라서…….

평가자: 단점을 말해보세요.

지원자: (멍한 표정으로 있다가 말을 꺼낸다.) 한 가지 일에 관심을 두면 그 일에 너무 집중한 나머지 다른 일에 전혀 신경을 쓰지 못한다는 것입니다.

평가자: 존경하는 인물이 누구인가요?

지원자: 아버지입니다.

평가자: 평소에 인상이 좋지 않다는 이야기 많이 듣지 않나요?

지원자: (순간 표정이 굳어진다.) 네? 그럴 리가요……. 그런 이야기 들어본 적 없습니다.

평가자: 전공이 국외영업이랑 맞지 않는 것 같은데…….

지원자: 평가자님께서 너무 단편적으로 생각하셔서 그런 것 같은데, 절대 그렇지 않습니다. 먼저 저의 유창한 외국어 실력을 봐주시고, 영업에 필요한 적극성을 가졌다는 것을 말씀드리고 싶습니다. 대학 전공과 업무가 같을 필요도 있겠지만, 아닐 경우도 많다고 생각합니다. 일례로 제 친구는 정치학을 전공했지만 지금 국회에 있지 않고, 기업에서 인사팀 업무를 잘하고 있습니다.

평가자: 4대강 사업에 대해 어떻게 생각하시나요?

지원자: …….

평가자: 제가 너무 어려운 질문을 했나 보네요. 평소에 신문 안 보시나 봐요?

지원자: (당황하며) 아닙니다. 갑작스럽게 질문을 하셔서 머뭇거렸습니다. 말씀드리겠습니다. 어… 4대강 사업은 현 정부가 의욕을 가지고 추진하는 사업입니다. 일각에서는 대운하 사업을 추진하기 위한 사전 작업이라고도 하고, 대운하와는 상관이 없다고도 합니다. 예전에 4대강 사업을 홍보하기 위해 극장에서 대한뉴스를 상영한 것에 대해서도 말이 많습니다. 이를 두고 정부에서 밀어붙이기식 사업을 진행하고 있다는 비판도 일고 있습니다.

평가자: 잠시만요, 무슨 말이 하고 싶은 거죠? 도대체 결론이 뭐예요?

지원자: (당황하며) 아, 네……. 다시 정리해서 말씀드리겠습니다.

평가자: 됐어요. 다음 질문 드릴게요. 왜 우리 회사에 지원하셨죠?

지원자: 이 땅의 젊은이라면 귀사와 같은 초일류 기업에서 최고가 되겠다는 꿈을 가지고 있을 것입니다. 저도 마찬가지입니다. 귀사에서 최고의 인재가 되고 싶어서 지원했습니다. 부족한 점은 많지만, 항상 배우는 자세로 일해 나가겠습니다.

평가자: 입사 후 포부에 대해서 말씀해주세요.

지원자: 입사의 영광이 주어진다면, 누구보다도 열심히 일하고, 누구보다도 빠르게 업무에 적응하겠습니다. 퇴근 후에도 업무에 필요한 공부를 하겠습니다. 그래서 회사가 성장하는 데 이바지할 수 있도록 항상 온 힘을 다하겠습니다.

평가자: (건방진 말투로) 아무리 생각해도 우리 회사랑 안 맞아, 당신은. 다른 회사 가세요.

지원자: (갑자기 당황하며 얼굴이 벌게진다.) 네? 뭔가 저에 대해 제대로 파악을 못 하셔서

그런 것 같은데… 왜 그런 생각을 하셨는지 말씀해주시면 좋겠습니다.

평가자: 아니에요. 혹시 우리 회사에 대해 궁금하신 것 있나요?

지원자: (여전히 당황한 표정으로) 네? 아, 네. 귀사에 대해 잘 알고 있습니다. 궁금한 것 없습니다.

평가자: 수고하셨습니다. 이제 돌아가셔도 됩니다.

지원자: 네, 알았습니다.

지원자는 앉은 채 "감사합니다"라고 말하고, 일어서서 목례하고 문까지 걸어나간다.

당신은 '0점'입니다

평가자: 수고하셨어요. 다시 자리로 와 보세요. 해보니까 어떠세요?

지원자: 제가 경험한 면접 분위기랑 똑같았습니다.

평가자: 많이 긴장하셨어요?

지원자: 많이는 아니고 조금 했습니다.

평가자: 방금 몇 가지 질문을 드렸는데, 실제 면접이었으면 합격하셨을 것 같아요?

지원자: 글쎄요. 반반일 것 같습니다.

평가자: 그럼 자신이 면접관이라 생각하고 점수를 매겨보세요. 방금 하신 답변이 몇 점 정도라고 생각하시나요?

지원자: 글쎄요. 100점 만점에 약 80점 정도?

평가자: 제가 매긴 점수는 0점이에요, 0점.

지원자: 네? 그럴 리가요. 좀 심하신 거 아닌가요? 물론 100점 만점을 맞을 정도는 아니었지만, 그래도 다른 사람들만큼은 했다고 생각하는데요.

평가자: 기분 나쁘게 생각하실 필요 없어요. 자, 이제부터 왜 자신이 0점인지 하나씩 설명해 드릴게요.

● 코칭 1 - 입장할 때의 자세

평가자: 입장할 때 고개를 숙이고 걸으니까 자신감이 없어 보여요. 면접관과 눈이 마주쳤는데 왜 인사를 안 하셨죠? 예의가 없어 보여요. 의자 앞에 섰을 때, 본인 소개가 왜 그래요? 목소리에 힘이 하나도 없잖아요. 그리고 앉으라는 말이 있을 때까지 의자에 앉으면 안 돼요.

지원자: (약간 짜증이 섞인 목소리로) 목소리랑 걸음걸이가 뭐 그렇게 중요해요? 그냥 넘어가시죠. 실제 면접에 들어가면 인사 잘할게요.

평가자: 너무나도 중요해서 말씀드리는 거예요. 첫인상에서 좋은 점수를 얻지 못하면 끝까지 좋은 평가를 받지 못할 수도 있어요. 그리고 처음이든, 중간이든, 끝이든 자세를 잘 갖추어야 해요.

지원자: (어련히 불만스런 목소리로) 면접에서는 말만 잘하면 되는 거지, 첫인상이나 자세가 중요하다는 말은 이해가 가지 않아요.

평가자: 네, 지금 그런 생각하고 계신 거 충분히 이해해요. 다른 분들도 대부분 그렇게 생각하니까요. 다음의 평가표를 보면 아마 생각이 달라지실 거예요. 한번 같이 보시죠.

평가자는 지원자에게 노트북 화면을 보여준다. 노트북 화면에는 다음과 내용이 보인다.

✳ 한 국내 기업의 면접 중 태도를 통한 인성 파악 기준

구분	불량	예시
말할 때 (음성)	■ 음성이 갈라지거나 탁하다 ■ 빠르게 말한다 ■ 말을 더듬는다말을 더듬는다 ■ 다른 사람이 말하는 중에 끼어든다	■ 불안, 기력이 강하다 ■ 성급하고 생각의 폭이 좁다 ■ 마음이 초조하고 조그만 일에도 마음이 끌린다 ■ 자기중심적이거나 협조성이 약하다
걸음걸이	■ 뒤꿈치가 땅에 닿지 않게 걷는다	■ 침착성이 부족하고 발전성이 약하다
앉은 자세	■ 뒤로 기대지 않고 약간 앞으로 나와 앉는다 ■ 앞으로 구부리고 웅크려 앉는다 ■ 앉아서 시종일관 손을 움직인다 ■ 다리를 꼬고 앉아 발을 움직인다 ■ 앉아서 다리를 떨거나 위아래로 움직인다	■ 적극적인 성격이다 ■ 확고한 신념이 없다 ■ 신경질적, 불안정하다 ■ 참을성이 결여되었다 ■ 불안정, 자신감이 결여되었다
일반적 버릇	■ 눈을 자꾸 깜빡인다 ■ 손으로 여러 가지 제스처를 사용한다	■ 성미가 급하다 ■ 적극적이고 진취적이다
퇴장 시	■ 퇴장 시 실수로 의자나 문을 차거나 부딪힌다 ■ 먼저 나가려고 서두른다	■ 불안정하고 침착성이 부족하다 ■ 조급하고 소심하며 자신감이 부족하다

이 내용을 읽은 지원자의 얼굴에 긴장감이 맴돈다.

평가자: 이 내용 보니까 어떠세요?

지원자: 네, 저의 일거수일투족이 전부 다 평가되는군요. 정말 몰랐어요. 면접장에 들어서는 순간부터 나갈 때까지 긴장을 늦추어서는 안 되겠네요.

평가자: 맞아요. 면접장에 들어서는 순간부터가 아니라 면접 대기실에 도착해서부터 긴장을 늦추어서는 안 돼요. 면접 대기실에서도 평가가 이루어지니까요.

지원자: 네, 그렇군요. 면접장에서 말만 잘하면 되는 것이 아니었어요. 여태까지 제가 면접에서 자꾸 떨어졌던 이유를 이제야 알겠어요.

평가자: 이제라도 깨달았다니 다행이네요. 냉정하게 말씀드리자면 지원자님은 면접장에 들어서서 의자에 앉는 순간까지의 모습만으로도 무조건 탈락이에요. 목소리도 작고, 인사도 안 하고, 성의도 없고. 결국 평가자의 머릿속에는 온갖 부정적인 평가만 내려지고 있겠죠. '젊은 사람이 패기도 없고, 자신감도 없군. 우리 회사에 들어오고 싶은 생각도 전혀 없을 거야. 게다가 인사성이 저렇게 없으니 선배들에게 좋은 평가도 못 받고 조직생활도 못할 거야. 뽑고 싶은 마음이 전혀 없어. 대충 질문하고 보내야지'와 같은 평가 말이에요. 심각하죠?

지원자: 네, 그렇군요. 생각만 해도 끔찍하네요.

평가자: 모의 면접인 것을 다행으로 생각하세요. 하늘에서 기회를 다시 한 번 줬다고 생각합시다. 문을 노크해서 의자에 앉는 것부터 다시 시작하겠습니다. 잘하실 수 있죠?

지원자: (우렁찬 목소리로) 네!

긴장된 표정이 역력한 지원자가 문을 닫고 나간다. 잠시 후, '똑똑' 소리가 들린다. 들어오라는 말을 들은 지원자가 조심스럽게 문을 열고 들어온다. 평가자와 눈이 마주치자 미소를 띠며 목례를 한다. 조심스럽게 문을 닫고 의자가 있는 곳으로 걸어간다.

고개를 들고 씩씩하게 걸으려고 노력하는 모습에서 적극적인 의지를 느낄 수 있다. 의자 앞에 선다. 평가자와 눈이 마주치자 우렁찬 목소리로 "안녕하십니까. OO기업에 지원한 최OO입니다"라고 간단한 자기소개를 하고는 정중하게 90도로 인사를 한다. 목소리에서 당당함과 열정이 느껴지고, 정중한 인사에서 입사하고자 하는 열의가 느껴진다.

평가자: 앉으세요.

지원자: 감사합니다.

평가자: 잘하셨어요. 특히 의자에 앉으라고 했을 때 "감사합니다"라고 하신 것 아주 잘하셨어요.

● 코칭 2 – 질문이 시작되었을 때의 시선

평가자: 제가 질문을 던졌을 때와 답변하실 때 왜 제 눈을 제대로 쳐다보지 않으셨나요? 주로 바닥이나 천장을 보거나 하던데……. 불안정해 보이고, 자신감도 없어 보였어요. 의자에 앉았을 때는 면접관의 가슴 부분을 보면서 차분하게 기다리고, 질문이 시작되면 질문하는 면접관의 눈을 바라봅니다. 상대방이 말을 할 때, 그 사람의 눈을 봐주는 것은 상대방에 대한 예의지요. 질문이 끝나고 답변을 할 때도 면접관의 눈을 바라봅니다. 면접관이 여러 명일 경우, 시선을 골고루 분산해주는 것이 좋습니다. 여유가 있어 보이는 장점도 있어요. 그렇다고 분주히 시선을 분산하는 것보다는 어느 정도 시차를 두고 시선을 자연스럽게 돌리는 것이 좋습니다.

지원자: 제가 면접관님을 안 쳐다봤나요? 제가 그렇게 위아래를 주로 쳐다봤나요?

평가자: 네, 그랬어요. 나중에 비디오로 촬영한 내용을 한번 보세요. 얼마나 불안해 보이는지. 너무 긴장하면 자기도 모르게 그렇게 되죠. 면접관의 눈을 자연스럽게 바라보면서 답변을 할 수 있을 때까지 촬영하고, 촬영한 것을 보고, 고치고, 다시 촬영하고 등의 과정을 반복하셔야 합니다.

지원자: 잘 알았습니다.

● 코칭 3 – 답변 내용

1분간 자기소개

평가자: 먼저 1분간 자기소개를 한 내용에 대해 말씀드리겠습니다. 학교, 전공, 이름, 희망 부서 말씀하시고, 장학금 받은 것과 학점, 영어 점수 말씀하셨죠?

지원자: 네, 뭔가 문제가 있나요?

평가자: 말씀하신 내용은 면접관이 다 아는 내용이에요. 지원서에 다 쓰여 있으니까요. 지원서에 쓰여 있는, 이미 아는 내용이 궁금해서 자기소개를 해보라고 했을까요?

지원자: 아닌 것 같네요.

평가자: 이 정도 내용은 누구나 다 이야기할 수 있어요. 경쟁자들은 수없이 많아요. 경쟁자 중 그저 그런 후보자가 되고 싶으세요, 아니면 경쟁자들과는 뭔가 다른 인상적인 소개를 하고 싶으신가요?

지원자: 인상적인 자기소개를 하고 싶습니다.

평가자: 자, 그렇다면 시간을 드릴 테니까 인상적인 자기소개를 할 수 있도록 준비해보세요. 어느 면접관이든지 1분 정도의 자기소개는 시킬 수 있고, 이 정

도 시간에 자기 자신에 대해 다른 사람의 기억에 남을 정도의 자기소개는 반드시 준비되어 있어야 해요. 단 1분이지만 답변 속에서 입사하고자 하는 의지뿐만 아니라 창의성, 적극성 등과 같은 역량까지 평가할 수 있습니다. 평가자에 따라 '간단히 자기소개를 해보라'라든가, '2분간 혹은 3분간 자기소개를 해보라'라고 할 수도 있겠지만, 1분 분량의 자기소개 내용을 충실하게 준비해 놓으면 어떤 상황이든지 거기에 맞게 줄이거나 늘여서 답변할 수 있게 됩니다.

지원자: 그렇군요. 한번 준비해보겠습니다.

지원자는 책상에 앉아서 종이에 1분 분량의 자기소개를 쓰기 시작한다. 생각보다 쉽지 않은 모양인지 머리를 감싸고 끙끙대기도 한다. 10분 정도의 시간이 지나자 지원자는 고개를 든다.

평가자: 준비되셨으면 다시 한 번 해보겠습니다. 1분간 자기소개 부탁합니다.

지원자: 친구들이 저보고 맥가이버라고 합니다. 아무리 힘든 일이 있어도 당황하지 않고, 침착하게 해결해내는 사람이라며 붙여준 별명입니다. 제 여자친구는 저만 보면 빨간색이 생각난다고 합니다. 뭐든지 열정적으로 열심히 해내기 때문이라고 합니다. 현재 외국에서 새로운 시장을 개척하기 위해 심혈을 기울이는 귀사에서는 저와 같이 성과를 내고, 열정적으로 모든 일을 추진해내는 사람이 필요할 것으로 확신합니다. 특히 국외영업팀에서 귀사의 성장에 이바지하고 싶습니다.

평가자: 아주 좋아요.

● 코칭 4 – 장점과 단점

평가자: 장점이 높은 학점, 영어 실력, 다양한 활동, 이 세 가지라고 하셨죠? 이 답변의 문제는 스펙 위주라는 것이고 단순히 나열한 것으로 끝났다는 것이에요. 요즘 기업은 스펙보다는 지원자의 역량을 집중적으로 파악하려고 해요. 장점이나 강점을 말하라고 할 때는 되도록 역량으로 표현하는 것이 좋아요. 단순히 나열만 하고 끝내니 입사하고자 하는 열의가 보이지 않았어요. 성의도 없어 보이고. 역량을 장점으로 제시하면 이에 대한 구체적인 근거를 제시해야 해요. 예를 들어 '창의성'과 같은 역량의 근거를 무엇으로 제시해야 할까요? 역량 평가의 핵심 전제는 '과거에 성취를 낸 사람은 미래에도 성취를 낼 가능성이 크다'라는 것입니다. 그러므로 지금까지 살아오면서 창의성과 관련하여 성취를 내보았던 과거의 경험을 근거로 내세워야 합니다. 역량을 중심으로 자신의 장점을 다시 한 번 표현해볼까요?

지원자: (잠시 생각하고) 추진력만큼은 그 누구에게도 뒤지지 않을 자신이 있는 최○○입니다. 대학교 때 동아리 회장을 맡아 전국 규모의 세미나를 처음으로 개최하면서 힘든 점도 많았고, 열악한 환경 속에서 수많은 난관에 부닥치기도 하였습니다. 중간에 예산이 부족한 적도 있었고, 이 때문에 포기하자는 이야기도 나왔지만 결국 성공적으로 행사를 마치게 되었습니다. 국내 중앙 일간지인 A일보에서 본 행사를 취재하여 신문에 나기도 하였습니다. 저의 추진력은 귀사에서 빛을 발할 것으로 생각합니다.

평가자: 아주 잘하셨어요. 그리고 영어를 아주 잘한다고 했으면서 막상 시켜보니까 제대로 하지 못하셨죠? 단지 영어 점수만 깎인 것이 아니라 신뢰도에서도 아주 안 좋은 평가를 받았어요.

지원자: 네, 아까도 말씀드렸듯이 예상치 못했던 질문이라서…….

평가자: 면접장에서는 예상치 못한 질문들이 쏟아지죠. 게다가 예상했던 질문이 나와도 긴장해서 제대로 답변을 못하는 경우가 많아요. 어쨌든 영어가 유창하다고 자신 있게 말을 할 정도가 되려면 어떤 질문이 나와도 막힘없이 답변이 나와야 해요. 물론 중간에 조금씩 더듬는 것은 긴장해서 그렇다고 이해를 하죠. 제가 드린 질문은 아주 평이한 수준이었는데 그 정도의 답변을 한다면 아예 처음부터 영어를 유창하게 한다는 이야기를 하지 마세요. 아니면 지금부터라도 철저하게 준비를 하시든가. 국외영업을 하려면 실전 영어에 강해야 해요. 점수만 높으면 안 돼요. 토론이나 프레젠테이션을 영어로 할 수 있는 수준까지 기업이 원하죠.

지원자: 알았습니다.

평가자: 다음은 단점에 대해 말씀드릴게요. 단점을 말해보라고 했을 때 왜 멍한 표정으로 있다가 말을 꺼내셨죠?

지원자: 영어 답변을 잘 못해서…….

평가자: 저도 그렇게 생각했어요. 실전에서는 절대 그러시면 안 돼요. 좀 전의 실수에 매달려 있으면 안 돼요. 실수를 했다면 바로 극복하고, 그다음 질문에 전력을 기울일 수 있어야 해요. 조그만 문제에 매달려서 다른 일까지 못하는 사람은 기업에서 살아남을 수 없어요. 게다가 기회가 그 질문에서 끝나는 것이 아니라 또 다른 기회가 있잖아요. 실수를 만회할 기회는 또다시 줘요. 기업은 지원자가 면접장에서 너무 긴장해서 실수하리라는 것을 너무나 잘 알고 있어요. 기업은 지원자가 면접에서 최고의 기량을 발휘하길 원해요. 그래서 실수를 했을 때, 또 다른 질문을 던져서 새로운 기회를 얻도록 배려를 하죠. 또한 되도록 긴장을 하지 않도록 노력을 해요. 예를 들어 면접 대기실에 심리적인 안정을 찾아줄 수 있는 고전음악을 틀어 놓거나, 코미디 프로그램을 보여준다거나, 면접장에 들어가기 직전 일부러 말을 시켜서 긴장

을 풀어주거나 하는 것이 좋은 사례예요.

지원자: 기업이 그 정도까지 배려해줄 줄은 몰랐어요.

평가자: 본인의 단점이 '한 가지 일에 관심을 두면 그 일에 너무 집중해서 다른 일에 신경을 기울이지 못한다'라고 하셨죠? 이게 진짜 본인의 단점이에요?

지원자: 아닙니다. 당황한 상태에서 별 생각 없이 한 답변이에요. 친구가 이렇게 이야기하면 무난할 거라고 해서…….

평가자: 단점에 대해 똑같은 답변을 하는 사람이 너무 많아요. 다들 친구에게 그런 말을 듣나 봐요. 생각해보시죠. 단점에 대해 왜 물어볼까요?

지원자: 지원자의 약점을 찾아내서 탈락시키려고 그런 거 아닐까요?

평가자: 절대 그렇지 않아요. 누구나 단점은 있어요. 기업은 지원자가 자신의 단점을 정확하게 파악하고 있기를 원하고, 그 단점을 솔직하게 밝힐 수 있기를 원해요. 여기서 더 중요한 것은 그 단점을 극복하기 위해 어떤 노력을 기울여왔고, 앞으로 일하면서 어떻게 극복할 것인지 말해주길 바라요. 솔직하게 말씀해보세요. 본인의 단점이 뭐예요?

지원자: 오지랖이 너무 넓다는 것이에요. 다른 사람들 챙겨주다가 정작 제 일을 못할 때가 잦아요. 과제물을 못하거나, 시험공부를 못한 적도 있었어요.

평가자: 오지랖이 넓은 것은 적당하기만 하면 참 좋은 면인데, 본인 일을 챙기지 못한다면 정말 문제겠군요. 이를 극복하려고 노력해본 적 있어요?

지원자: 없어요.

평가자: 그럼 회사에 들어가서도 그러실 거예요? 매번 다른 사람 챙기다가 본인 일하나도 못하고, 그러다가 회사에서 잘리기라도 하면 어쩌시려고?

지원자: 매일 아침에 그날 반드시 끝내야 하는 일을 적어놓고, 이를 완수하는 것을 목표로 하면 좋아질 것 같은데요. 다른 사람 챙기는 것은 일을 완수해 놓고 하겠습니다.

평가자: 좋은 생각이네요. 그 대신 말로만 끝나서는 안 돼요. 반드시 실천하겠다는 의지가 있어야 해요. 의지만 있다면, 면접관 앞에서 본인의 단점과 극복 방안에 대해 당당하게 밝히세요.

● 코칭 5 – 회사 지원 이유

평가자: 회사에 지원하는 이유로 '초일류 기업에서 최고가 되겠다는 꿈을 펼치고 싶어서'라고 했죠?

지원자: 네, 무슨 문제가 있나요?

평가자: 심각한 문제가 있죠. 이 답변은 어느 기업에서나 통하는 답변이에요. 기업은 채용 실패를 경험하지 않으려고 전력을 기울이고 있어요. 채용 실패란 어떤 사람을 뽑았을 때 1년 이내에 그만두는 것을 말하지요. 모든 사람이 가고 싶어 하는 기업이라 하더라도 합격을 해놓고 다른 곳에 가는 사람들로 골치를 앓고 있지요. 또한 면접에서 "초일류 기업에서 최고의 인재가 되고 싶다", "귀사는 나의 운명", "청춘을 다 바쳐"와 같은 말을 해놓고 얼마 안 가서 많은 사람이 사직서를 들고 옵니다. 그 이유를 들어보면 "나는 작은 혹은 큰 기업 체질이다", "아무래도 계속 고시를 공부하는 것이 좋겠다", "비전이 보이지 않는다" 등이라 해요. 그래서 이제 기업은 아무리 뛰어난 인재라고 해도 다른 곳에 갈 것 같다는 판단이 들면 절대로 뽑지 않아요. 어디서나 통할 만한 이야기를 하는 사람도 관심을 두지 않아요. 굳이 다른 회사도 아니고 이 회사일 수밖에 없는 이유를 이야기하는 사람을 뽑지요.

업무도 마찬가지예요. 면접을 볼 때 "뽑아만 주시면 어떤 일이라도, 아무리 험한 일이라도 마다하지 않겠다"고 한 사람이 나중에 "업무가 적성에 맞지 않는다"며 사직서를 들고 오는 일이 비일비재해요. 그래서 기업은 반드시 특정 업무에 관심을 두고 있고, 그 이유가 명확한 사람만 뽑지요. 그래야 채용 실패에 따른 손실을 줄일 수 있으니까요. 이를 위해 기업은 왜 우리 회사인지, 왜 이 업무인지에 대해 꼬치꼬치 물어봐요. 게다가 희망 업무에 대해 잘 알고 있는지, 적성에 맞는지, 그 업무를 하는 데 필요한 역량을 가졌는지 등에 대해 철저하게 분석을 하죠.

희망 업무가 국외영업이라고 하셨죠? 정말 이 일이 하고 싶다면 강점 부분에서 국외영업에 필요한 역량을 말씀하셔야 해요. 뭐가 있을까요? 영어실력은 물론 글로벌 마인드, 적극성, 도전 정신, 추진력, 커뮤니케이션 능력 등이 있겠네요. 어떤 사람은 본인의 장점을 꼼꼼함, 인내심, 치밀한 계산능력, 숫자 감각 등이라고 해요. 이건 회계 등에 필요한 역량이죠. 그러나 이러한 장점에도 영업 분야를 지원한다면 누가 믿겠어요? 반대로 자신은 외향적이고 활발한 사람이라고 하면서 회계 업무를 하고 싶다고 하면 어느 누가 이 사람 말을 믿겠어요? 다시 한 번 묻겠습니다. 왜 이 회사에 지원하나요? 왜 국외영업을 하고 싶나요?

지원자: 음… 정말 이 부분에 대한 고민이 전혀 없었네요. 며칠 시간을 두고 다시 한 번 생각해서 정리해보겠습니다.

평가자: 그 생각을 정리하려면 제일 먼저 지원한 회사에 대해 공부해야 해요. 근 주가 동향, 3년간 재무제표, 최근 기사, CF, 홈페이지, 제품, 경쟁사와 그 제품 등에 대해서 말이지요. 또한 지원하는 업무에 대해서도 공부하세요. 그 업무의 특성, 필요 역량, 지원 회사의 업무 현황 등에 대해서 말입니다. 특히 선배 중에 국외영업 분야에서 일하는 분을 만나서 그 업무에 대해 이야기를 들어보는 것은 아주 큰 도움이 됩니다. 공부가 끝나고, 생각이 정리되면 그 내용을 정리해서 제 이메일로 보내주세요.

지원자: 알았습니다. 반드시 그렇게 하겠습니다.

평가자: 이 두 가지에 대한 부분이 전혀 정리되어 있지 않으니까 포부에 대해서도 추상적으로 답변할 수밖에 없죠. 포부를 물어봤더니 열심히 하고, 열심히 배우고, 항상 온 힘을 다하겠다고 하셨죠? 이건 입사 후 업무 자세를 말씀 하신 것이지, 포부를 말씀하신 것이 아니에요. 포부가 뭐죠? 마음속에서 불타는 미래에 대한 구체적인 계획을 말해요. 국내외적으로 존경을 받는 CEO가 되고 싶지 않으세요? 지원하는 기업을 세계적인 초일류 기업으로 키우고 싶지 않으세요? 〈포춘〉지가 선정하는 최고 기업 리스트에 지원 기업의 이름을 올리고 싶지 않으세요? 지원 분야에서 최고 전문가로 인정을 받아서 언론사 인터뷰가 줄줄이 잡혀 있는 그런 사람으로 성장하고 싶지 않으세요?

기업은 야망을 품은 사람들을 위한 기회의 땅이에요. 단지 일을 열심히 하겠다는 것만 가지고는 안 돼요. 뭔가 배우려고 오는 사람은 성장할 수 없어요. 배우려면 학교로 가야 해요. 기업으로 오면 안 돼요. 오로지 가슴 속에 뜨거운 불덩이를 가지고 진정한 최고가 되려고 모든 것을 헌신하는 사람만이 살아남는 매력적인 경쟁터이지요. 이에 대한 명확한 목표가 서면 1년 후, 3년 후, 5년 후, 10년 후 등 자신의 모습을 상상해보라는 질문에 100점짜리 답변을 할 수 있게 되죠.

지원자: 이 부분에 대해서도 아무런 준비가 되어 있지 않았네요. 제가 왜 자꾸 떨어졌는지 이제야 알았습니다. 이 부분도 다시 한 번 고민해보겠습니다.

평가자: 언제 한번 자신을 정리할 수 있는 여행을 갔다 와보세요. 단 하루라도 인생에서 가장 중요한 순간에 있는 사람이 그 정도의 시간 투자도 없이 무엇을 할 수가 있을까요?

아무리 바빠도 반드시 자신만을 위한 시간을 만들어야 해요. 정말로 시간을 낼 여유가 없다면 등산이라도 갔다 오세요. 반드시 혼자서 가야 해요. 되도록 휴대전화도 꺼놓고.

● 코칭 6 – 시사 질문

평가자: 평소에 시사적인 문제에 대해 공부를 전혀 안 하시나요?

지원자: 네, 이 분야는 제가 워낙 자신이 없어서…….

평가자: 이 분야의 질문은 자신이 있느냐, 없느냐의 여부를 따지고자 하는 것이 아니에요. 최근 정치, 경제, 사회가 돌아가는 것은 기업에서 일할 사람이라면 반드시 잘 알고 있어야 해요. 세상 돌아가는 것을 알아야 마케팅 전략을 수립하고, 시장 상황에 맞는 상품을 기획하고, 거기에 맞게 홍보 및 광고 전략을 세우죠. 그렇다고 모든 부분을 세세하게 알고 있을 필요는 없어요. 핵심 쟁점에 대해 흐름을 알고 있고, 그 내용을 상대방이 이해하기 쉽게 표현하는 것이 중요해요. 제가 4대강 사업에 대해 질문을 했는데 어떻게 대답했죠?

지원자: 잘 대답을 하지 못했죠.

평가자: 처음에는 아무런 말도 안 했죠?

지원자: 네, 갑자기 생각이 떠오르지 않아서.

평가자: 면접관이 그냥 넘어가면 어떻게 하시려고요? 저야 다시 한 번 물어봤지만. 이때는 반드시 "잠시 생각할 시간을 주십시오"라고 하셔야 해요. 이 말만으로도 꼭 이 질문에 답변하겠다는 의지, 한발 더 나아가서 입사하겠다는 의지까지 느낄 수 있죠. 면접관이 그냥 넘어갔다면 성의도 없고, 열의도 없고, 게다가 시사 문제는 전혀 모르는 사람으로 낙인 찍히게 됩니다.

지원자: 그럼 이 분야는 어느 정도까지 공부해야 하나요?

평가자: 기업에서는 기자나 해당 분야의 전문가, 논설위원을 뽑는 것이 아니에요. 물론 해당 분야에 정통해서 물 흐르듯이 이야기를 할 정도라면 좋겠지만, 그 정도까지 바라지는 않아요. 앞서 말씀드린 바와 같이 핵심 쟁점에 대한 흐름을 알고, 이 사안이 지원하고자 하는 기업이나 산업 분야에 미칠 영향 등에 대해 자신의 의견을 표현할 수 있어야 해요. 예를 들어 4대강 사업은 찬성하든 반대하든 상관없이 건설사에는 유리하겠지요? 4대강 사업의 혜택을 입을 수 있는 회사에 입사하겠다는 사람이 이 사업에 대해 지나치게 부정적으로 생각하면 안 되겠지요? 이 경우 본인의 생각보다는 "귀사에는 좋은 기회가 될 것으로 생각합니다"와 같이 표현하는 것이 좋습니다.

지원자: 네, 잘 알았습니다.

평가자: 지원자님의 답변은 이도 저도 아닌 좋지 않은 답변이었어요. 본인의 의견도 없고 지원 회사나 해당 산업 분야에 대한 분석도 없고, 단지 알긴 안다는 것을 표현하고자, 또한 뭐라도 답변을 하긴 하고자 하려다 보니까 핵심은 없고 일단 말하는 양이라도 늘려보자는 생각에 주변만 이리저리 맴돌다가 결국 제지를 당했지요. 시사적인 부분은 많이 말하는 것보다 짧더라도 핵심을 잘 정리해서 명쾌하게 표현하는 것이 중요해요. 너무 길게 말하려고 노력하지 마세요. 또한 이런 질문에 대해서는 맨 처음에 결론을 말하는 것이 좋아요. 그러면 듣는 사람으로서도 이해하기 쉽고, 말을 하는 사람으로서도 한 방향을 향해서 한결같이 말을 할 수 있게 됩니다. 지금도 늦지 않았어요. 적어도 최근 3개월간의 시사적인 문제에 대해 공부하세요. 세부적으로까지 할 시간이 없다면 큰 쟁점 사항 중심으로 정리해보도록 하세요.

● 코칭 7 - 압박 질문

평가자: 제가 일부러 압박 질문한 거 아셨어요?

지원자: 처음에는 몰랐다가 나중에는 알았어요. 일부러 그러신다는 거.

평가자: 압박 질문을 왜 할까요?

지원자: 일부러 당황하게 해서 그 사람의 반응을 보려고 그러겠죠.

평가자: 네, 맞아요. 그러나 그것만 가지고는 부족해요. 면접관이 압박하는 이유는
몇 가지가 있어요.

첫 번째는 배짱이나 순발력, 재치 등과 같은 역량을 파악하기 위해서입니
다. 갑작스러운 질문이나 면접관의 태도 변화에 얼마나 잘 대처하는지를 보
면 이러한 역량을 잘 파악할 수 있어요. 누구나 긴장된 상태에서 상대방이
불리한 입장으로 몰아넣으면 당황해서 아무런 생각이 나지 않아요. 그러나
배짱이 있는 사람은 어떠한 상황이라도 이겨내지요. 또한 순발력과 재치를
발휘하여 자신에게 불리한 상황을 이겨낼 수 있는 사람이라면 기업에서 좋
아하겠죠?

두 번째는 위기관리 능력을 파악하기 위해서입니다. 요즘 곳곳이 위기상황
이에요. 위기상황은 기업이 가장 심각하게 느끼고 있어요. 지난 외환위기
때 속수무책으로 당했던 기업은 이제 사람을 뽑을 때 위기관리 능력이 뛰어
난 사람을 뽑습니다. 면접을 보러 온 사람에게 가장 큰 위기상황은 무엇일
까요? 예상치 못했던 어려운 질문을 주거나, 면접관이 자신을 마음에 들어
하지 않는 표정을 짓는다거나, 면접관이 자신에게 잘해주리라고 기대를 했
는데 잘 대해주기는커녕 화를 내고 호통을 치는 것이 바로 위기상황이겠죠.
면접관은 위기상황에 빠진 지원자가 어떤 반응을 보이는지 자세히 파악합
니다. 금방 당황해서 얼굴색이 바뀌거나, 화를 내거나, 위축된다면 지원자는

좋은 평가를 받을까요?

갑자기 지원자의 태도가 바뀐다거나 자신을 궁지로 몰아넣는 질문을 계속한다면 당황하지 말고 '압박 면접이 시작되는구나!'라고 생각을 하시면 됩니다. 면접관이 아무리 자신을 부정적으로 표현해도 여유를 가지고 잘 대응을 하도록 합니다. 이러한 과정에서 지원자가 기업에 입사하고자 하는 열정을 보여줄 수 있습니다. 기업은 "나, 당신 마음에 안 들어"라고 했을 때, "정말요? 알았습니다. 안녕히 계세요"라고 하는 사람을 더 좋아할까요? 아니면 "아닙니다. 저를 다시 한 번 평가해주세요. 부탁합니다. 저는 귀사가 매우 좋습니다. 귀사가 매우 좋아서 귀사에 대해 얼마나 열심히 공부했는지 모릅니다. 귀사에서 일하고 싶어서 대학생활 내내 얼마나 많은 준비를 해왔는지 모릅니다. 이런 저를 다시 한 번 지켜봐 주세요"와 같이 끝까지 포기하지 않고 자신을 내보이고 싶어 안달이 난 사람을 좋아할까요?

마지막으로 스트레스 관리 능력을 파악합니다. 직장생활은 스트레스의 연속이에요. 스트레스를 관리하지 못하는 사람은 견디지 못하는 생활이 매일매일 지속되지요. 그래서 스트레스를 잘 관리할 수 있는 사람인지 아닌지 파악하기 위해 압박을 해서 스트레스 상황을 만드는 것입니다.

지원자: 그렇군요. 그런 면에서 저는 정말 0점이었네요.

평가자: 이제라도 그걸 깨달았으면 다행입니다. 제가 압박을 한 것은 여러 번 있었어요. 영어를 제대로 못했을 때 그냥 넘어가지 않고 "영어 잘하신다더니 못하시네요"라고 한 것, 평소에도 인상이 그렇게 좋지 않으냐는 질문을 한 것, 전공이 지원 업무와 맞지 않는다고 한 것, 4대강 사업에 대해 물어보고 답변을 잘 못했을 때 평소에 신문을 보지 않느냐고 몰아붙인 것, 건방진 말투로 우리 회사랑 맞지 않으니 다른 회사에 가라고 한 것 등이 모두 압박 질문이었어요.

지원자: 생각보다 더 많이 있었네요.

평가자: 그런데 본인의 반응은 어땠지요? 당황한 표정이 역력했어요. 때로는 표정이 굳어지고 화가 난 사람처럼 저를 쳐다보았지요. 그때 제 머릿속에 든 생각은 '이 사람은 매사 부정적일 거야. 감정을 조절도 못하고, 자신에 대해 당당하지 못해. 이 정도의 압박으로 저렇게 당황하다니 저래서 어떻게 어려운 일들을 처리해 나가겠어? 게다가 스트레스를 감당하지 못해 금방 그만둘지도 몰라' 등등이었어요. 심각하죠?

지원자: 네, 정말 심각했네요.

평가자: 지금 당신은 여러 번 탈락을 경험하다 보니까 너무 많이 위축되어 있어요. 그러한 심리 상태가 바로 표현되는 것이죠. 자신감을 회복할 필요가 있어요. 스스로에 대해 정리를 해볼 시간도 필요하고, 다시 한 번 강조하지만, 여행 한 번 다녀올 필요가 있겠죠?

● 코칭 8 – 기타 사항

평가자: 제가 존경하는 인물을 물어봤었죠?

지원자: 네, 지금까지 말씀을 들어본 바로는 이 질문에 대해서도 저는 0점짜리 답변을 했어요.

평가자: 왜 그렇게 생각하나요?

지원자: 그냥 '아버지'라는 답변으로 끝났으니까요. 저는 존경하는 이유에 대해서 물어보실 줄 알았는데 물어보지 않으셨어요. 지난번 면접을 본 회사에서도 그랬어요. 똑같은 질문을 했고 마찬가지로 그 이유에 대해 물어볼 줄 알았는데 그냥 다른 질문으로 넘어갔어요. 진짜 멋있는 이유를 준비했었거든요.

저는 그날 면접관을 원망했는데, 결국 제가 기회를 만들지 못한 것이네요.

평가자: 맞아요. 면접관이 그 이유를 묻지 않아도 스스로 말했어야 했어요. 면접관은 개인마다 성향이 달라요. 친절하게 후속 질문을 해주는 면접관도 있고, 그렇지 않은 면접관도 있어요. 입사하고자 하는 열의를 보려고 일부러 묻지 않는 사람도 있어요. 시간 관계상 그러지 못하는 때도 있어요.

지원자: 앞으로는 이런 질문이 나오면 시키지 않아도 반드시 이유까지 말하도록 하겠습니다.

평가자: 반드시 그렇게 하셔야 해요. 정말 몇 십 분 동안의 시간에 자신에 대해 얼마나 많이 보여줄 수 있겠어요. 한순간 한순간을 놓치지 말고 온 힘을 다해서 기회를 만들어야죠. 그런 면에서 지원 회사에 대해 궁금한 것이 하나도 없었다는 것도 마찬가지였어요. 어떻게 궁금한 것이 하나도 없을 수 있죠? 지원한 회사에 대해 아무런 관심도 없다고 받아들여질 수 있어요.

앞에서 말씀드렸죠? 이 회사에 입사하고 싶어서 안달이 난 사람, 그리고 안달이 난 이유가 구체적인 사람만 뽑는다고. 지원 회사에 대해 궁금한 것을 물으라는 것은 그 회사에 대한 관심도를 표현할 수 있는 절호의 기회예요. 절대로 놓치시면 안 돼요. 대신 월급이 얼마인지 물어보는 것은 좋지 않습니다. 물론 중요한 문제이긴 하지만, 신입사원만큼은 돈보다는 열정을 바칠 수 있는 일에 더 관심이 있기를 바라는 것이 기업의 마음이기 때문이지요.

지원자: 잘 알았습니다.

평가자: 한 가지 더 말씀드리겠습니다. 제가 "전공이 국외영업이랑 맞지 않을 것 같다"라고 했을 때 뭐라고 하셨죠?

지원자: 잘 기억이 나지 않습니다.

평가자: 제가 너무 단편적으로 생각하는 것 같다고 했어요. 절대로 평가자를 평가하시면 안 돼요. 지원 분야를 전공하지 않아서 혹시 적성에 맞지 않으면 어떻

게 할까 하는 우려에서 그런 질문을 한 것이에요. 그럼 정성을 다해서 그렇지 않다는 것을 말해야지 면접관의 판단이 잘못되었다는 등의 표현을 하면 안 됩니다. 게다가 친구를 사례로 들었지만 적절하지 않았고, 감정적으로 대응하는 것처럼 느껴졌어요. 다른 사람이 잘하는 것은 아무런 소용이 없어요. 자신이 비전공자임에도 잘할 수 있다는 것을 보여줘야 해요.

지원자: 제가 그런 말을 했군요. 정말 기억이 안 나네요.

평가자: 우리 회사랑 안 맞는다는 말을 했을 때도 그랬죠? 제가 뭔가 제대로 파악을 하지 못한다고… 실수하신 거 잘 아시겠죠? 게다가 왜 그런 생각을 했는지 말해 달라고도 하셨죠? 면접관이 그걸 말해줘야 하나요? 자신이 온 힘을 다해서 면접관을 안심시켜야지.

지원자: 제가 큰 실수를 했네요.

평가자: 마지막으로 한 말씀 더 드릴게요. 회사에 지원한 이유를 물었을 때, '부족한 점은 많지만…'이라는 표현을 쓰셨죠?

지원자: 정말 제가 그런 표현을 썼나요? 기억이 안 나요.

평가자: 굳이 자신을 부정적으로 표현할 필요는 없어요. 기업은 자신을 PR하는 자리예요. 긍정적인 면을 부가하기에도 시간이 부족해요. 물론 그렇다고 거짓이나 과장을 하라는 것은 아니에요.

● 코칭 9 – 면접이 끝났을 때

평가자: 제가 "이제 돌아가셔도 됩니다"라고 했을 때 그냥 돌아가셨죠?

지원자: 네, 그게 뭐 잘못됐나요?

평가자: 잘못한 건 없어요. 좀 아쉬워서요.

지원자: 네? 아쉬워요?

평가자: 이 짧은 시간에 하고 싶은 이야기를 다 하셨나요?

지원자: 아니죠. 하나도 못했죠.

평가자: 그런데도 그냥 돌아가요?

지원자: 그냥 돌아가야죠. 다 끝났으니 돌아가라는데…….

평가자: 그래도 돌아가시면 안 되죠. 하고 싶은 말을 하나도 못했다면서요.

지원자: 그럼 어떻게 해야 했는데요?

평가자: 스스로 기회를 만들었어야죠.

지원자: 어떻게요?

평가자: "마지막으로 꼭 드리고 싶은 말씀이 있는데, 말씀드려도 되겠습니까?"라고 해보시지 그러셨어요?

지원자: 그러다가 거절당하면요?

평가자: 거절을 당해도 끝까지 포기하지 않으려는 자세에서 좋은 평가를 받을 수가 있어요. 시간 관계상 어쩔 수 없어서 거절하지 않는 것이라면 면접관 대부분은 기회를 줄 거예요. 물론 만족할 만큼 자신에 대해 잘 표현을 했거나 여러 명이 한꺼번에 면접에 들어가서 그럴 기회를 얻기가 어렵다면 어쩔 수 없겠지만, 그래도 끝까지 전력을 기울여서 기회를 얻을 수 있도록 해야 해요.

지원자: 기회를 얻으면 무슨 말을 해야 하나요?

평가자: '나를 돋보이게 하려고 이 말은 꼭 하고 싶었는데, 질문을 받지 못해서 못한 것'이나, '자신의 의지를 다시 한 번 강하게 표현하기 위한 것'이라면 다 좋아요. 대신 너무 길게 말씀하시면 안 됩니다. 중간에 제지당할 수도 있으니까. 약 30초 정도 말씀하시는 것이 면접관이나 다른 사람에 대한 예의입니다.

지원자: 잘 알았습니다.

평가자: 한 가지 더, 면접이 끝나서 면접장을 나설 때까지도 평가가 계속된다는 것을 잊지 마셔야 합니다.

지원자: 이전에는 몰랐는데, 이제는 잘 알아요.

평가자: 다행입니다. 아까 나가실 때 어떻게 하셨는지 잘 기억해보세요. 일어서서 간단히 목례만 하고 나갔죠? 절대 이러시면 안 돼요. 끝까지 정성을 다해서 인사를 하셔야 해요. 인사를 할 때는 "꼭 입사시켜주세요", "귀한 시간 내주신 것 진심으로 감사합니다"와 같은 마음이 담겨 있어야 합니다. 정말로 정성을 다해서, 온 힘을 다해서 인사를 하셔야 합니다. 문까지 걸어갈 때는 서둘러 나가지 마시고 고개를 들고, 어깨에 힘을 주고, 보무도 당당히 걸어 나가셔야 합니다. '아무리 실수를 많이 했어도, 나는 떳떳하고 당당하다. 전혀 개의치 않다'는 모습을 보여주셔야 합니다. 잊지 마세요. '끝까지 정성에 정성을 다하자'는 것을.

2. 4인 1조 모의 면접 진행 사례

본 사례는 수도권 OO대학에서 4인 1조로 진행했던 모의 면접 중에서 가장 좋은 점수를 얻은 조의 내용을 실었다. 굳이 코칭이 필요 없을 정도로 훌륭하게 답변을 하여 소개를 하고자 한다.

물론 모든 참가가 모든 답변에 대해 100점짜리 답변을 한 것은 아니다. 잠시의 틈을 주지 않고 속사포처럼 질문을 제시하기도 하고, 압박하기도 했으며, 답변할 수 있는 충분한 시간을 주지 않아서 중간마다 짧거나 부족한 답변을 하기도 하고, 실수도 했으나 끝까지 포기하지 않았으며 치열한 경쟁심을 보이면서 적극적인 자세로 임했다는 점에서 모두 높은 점수를 받았다는 점을 생각하면서 내용을 읽어주길 바란다.

● 4인 1조 모의 면접 시작

평가자: 시작하겠습니다. 편의상 왼쪽부터 1번, 2번, 3번, 4번으로 부르겠습니다. 1번부터 간단한 자기소개 부탁합니다.

1번: 한 우물만 파라! 제가 지금까지 저의 인생관으로 삼아온 말입니다. 이는 제가 이 세상에서 제일 존경하는 아버지로부터 받은 소중한 재산입니다. 아버지께서는 OO은행에서 정년퇴직하실 때까지 한 우물만 파는 것이 얼마나 중요한 일인지 몸소 보여주셨습니다. 이제는 제가 귀사에서 한 우물만 파고 싶습니다.

인사팀에서 옥석을 골라내는 인재로 커 나가고 싶어서 지원했습니다.

2번: '도전 정신' 하면 바로 저입니다. 대학에 입학하기 전까지 온갖 유행 독감은 다 걸리고, 일 년 내내 감기를 몸에 달고 살던 사람이었습니다. 그러나 대학에 들어와서 매일 조깅을 하고 주말마다 산에 다녔습니다. 그 결과, 작년에는 마라톤에 나가 전 구간을 뛰었습니다. 귀사의 영업팀에서 끊임없는 도전을 하고, 반드시 무엇인가 이루어내는 사람으로 성장하겠습니다.

3번: 고등학교 시절 읽은 《카라마조프 씨네 형제들》을 보고 법조인을 꿈꿨습니다. 법학과에 입학하여 사법고시 준비를 하였고, 작년에 처음으로 1차에 합격하기도 하였습니다. 그러나 가정 형편이 갑자기 어려워져 더는 공부를 하기가 어렵게 되었습니다. 그렇다고 제가 꿈을 쉽게 포기하는 사람은 아닙니다. 귀사의 법무팀에서 최고의 성과를 보여 드리고 싶습니다.

4번: 제 이름으로 3행시를 지어보겠습니다. '박, 박학다식합니다. 제 방에는 500권이 넘는 책이 있습니다.' '인, 인사성 밝은 신입사원이 되겠습니다.' '호, 호빵맨처럼 생겼다는 소리를 듣습니다. 호감을 주는 사람이라는 뜻으로 알고 있습니다.' 홍보팀에서 일하면서 기자들에게 우리 회사의 호감도를 최고로 높여 드리겠습니다.

평가자: 4번부터 자신의 단점을 이야기합니다.

4번: 저의 단점은 유창한 영어를 구사하지 못한다는 것입니다. 그러나 이를 극복하기 위해서 부전공으로 영어를 선택하였고, 작년부터 새벽에 영어학원에 다니고 있습니다. 앞으로도 계속 그렇게 할 것입니다. 홍보팀에서 영어로 하는 일은 많지 않겠지만, 글로벌 마인드라는 귀사의 인재상에 들어맞을 수 있도록 온 힘을 다하겠습니다.

3번: 사법고시를 공부하면서 다양한 경험을 해보지 못했다는 것이 저의 단점입니다. 대신 한번 자리에 앉아서 공부를 시작하면 몇 시간도 끄떡없는 저의 끈기를 높게 평가해주셨으면 합니다.

평가자: 1번 말씀해주세요.

1번: 네, 저의 단점은 생각이 너무 많다는 것입니다. 그래서 어떤 일을 시작할 때까지 다른 사람에 비해 시간이 오래 걸립니다. 어떤 친구는 저의 이런 면을 보고 결단력이 없다고 합니다. 그러나 저는 그렇지 않습니다. 인사팀에서 사람을 채용할 때는 시간이 걸리더라도 끝까지 신중해야 한다고 생각합니다. 그러한 면에서 저의 단점은 오히려 인사팀에서 장점이 될 수도 있을 것입니다.

2번: 저의 단점은 키가 작다는 것입니다. 그야말로 단점입니다. 키가 작다는 것이 저에게는 열등감이었던 때도 있었습니다. 미팅에도 잘 못 나가고 사람들 앞에 잘 서지도 못했습니다. 그러다가 나폴레옹의 전기를 읽었습니다. 땅에서부터 재면 짧지만, 하늘에서부터 재면 자신이 가장 길다고 한 말을 보고 이때부터 저도 자신감을 갖게 되었습니다. 이젠 절대 키높이 구두를 신지 않습니다.

평가자: 1번부터 자신의 강점 한 가지를 말씀해보도록 하겠습니다.

1번: 저의 강점은 남의 말에 잘 귀를 기울임으로써 다른 사람을 배려한다는 것입니다. 항상 주위 사람들의 말에 귀를 기울이고, 상대방의 감정이 어떤지 파악하려고 노력합니다. 이러한 저의 강점은 인사팀에서 사람을 뽑고, 기존 직원들과 대화를 해나가면서 개인과 회사 모두에게 도움이 되는 사항들을 잘 파악하는 데 있어서 매우 중요한 역할을 할 것으로 생각합니다.

2번: 저의 강점은 성실함입니다. 저는 여태까지 결석을 한 번도 한 적이 없습니다. 대학에 입학해서도 주어진 공부에 온 힘을 다해 4.5 만점에 4.0이 넘는 성적을 얻게 되었고, 단 한 번도 장학금을 놓치지 않았습니다.

3번: 저의 가장 큰 강점은 책임감입니다. 제가 대학 시절 스터디그룹을 만들었을 때가 있었는데, 처음에는 사람들이 잘 참석을 하다가 시간이 흐르면서 이 핑계 저 핑계 대면서 빠지는 경우가 많았습니다. 저는 단 한 번도 빠진 적이 없었고,

사람들이 올 때까지 항상 기다렸습니다. 어떤 때는 저 혼자만 온 적도 있었습니다. 이만큼 저는 끝까지 책임을 지는 사람입니다.

4번: 제 강점은 적응력입니다. 저는 영어를 부전공으로 선택하였습니다. 그전까지 영어 공부를 한 적이 없었습니다. 모든 교재가 100% 영어로 되어 있었고 수업도 모두 영어로 진행되어 처음에는 힘들었지만, 금방 적응을 해서 수업에 적극적으로 참여를 할 수 있게 되었고 영어 관련 학점에서 모두 B 플러스 이상을 맞을 수 있었습니다.

평가자: 1번에 질문 드립니다. 이번에 일본 민주당이 정권을 잡은 것에 대해 어떻게 생각하시나요? 한국에 어떤 영향이 있을까요?

1번: 일본에서 이번에 민주당으로 정권교체가 된 것 자체에는 대단히 크고 상징적인 의미가 있다고 생각합니다. 그러나 아무리 민주당이라고 할지라도 일본이 근본적으로 변하리라고 생각하지 않습니다. 어차피 일본 민주당이나 자민당이나 일본의 보수 세력들이 이합집산하여 만든 조직이기 때문에 단지 국민의 입맛에 맞는 정책을 펼칠 뿐이지, 그것이 정치, 경제, 특히 우리나라에 대한 정책 면에서 크나큰 변화는 없을 것으로 생각합니다. 너무 낙관적으로만 이를 평가하지 말아야 한다고 생각합니다.

평가자: 2번은 지금 1번이 말한 내용에 대해 반론을 제기해봅니다.

2번: 아, 네. 저도 1번과 같은 생각을 하고 있어서 반론을 말씀드리기가 어렵겠지만, 한번 온 정성을 쏟아서 말씀드리도록 하겠습니다. 일본 민주당은 변화를 바라는 국민의 열망으로 정권을 잡았고 그 역사적인 의미가 너무나 크기 때문에, 자민당과 같은 보수 세력이라는 자신의 한계에도 변화의 바람을 쉽게 무시하지는 못할 것입니다. 특히 우리나라와의 관계에서도 그렇습니다. 일본 경제가 어려운 상황에서 굳이 우리나라와 갈등 관계를 맺을 필요는 없을 것이기 때문입니다. 또한 변화의 상징으로서 우리나라와의 관계에서 무엇인가 새로운 변화를 만들 수밖에 없을 것으로 생각합니다. 그것은 부정적인 것보다는 긍정적인 변화가 되리라 판단됩니다.

평가자: 2번에 묻겠습니다. 지금 세계 경제의 위기가 끝났다고 생각하시나요?

2번: 전체적인 경제지표는 좋아지고 있다고 하나, 이것이 위기가 완전히 끝났다는 것을 의미하지는 않는다고 생각합니다. 이는 일부만 보는 시각일 뿐이지 전체적으로 보았을 때는 아직도 해결해야 할 문제가 많다고 생각합니다. 좀 더 구체적으로 말씀드리자면…….

평가자: 시간 관계상 거기까지만 말씀하시고……. 3번에 묻습니다. 2번이 말한 내용에 대해 반론을 제기해봅니다.

3번: 잠시 생각할 시간을 주십시오.

평가자: 10초 드리겠습니다.

3번: (10초가 흐르고) 저는 경제 위기가 끝났는지 안 끝났는지는 중요한 문제가 아니라고 생각합니다. 작년 발생한 위기의 규모가 워낙 커서 바로 그 위기가 났는지 아닌지에 대한 관심이 많은데, 위기는 항상 있었고 앞으로도 언제나 새로운 위기가 올 수 있다고 생각합니다. 작년의 위기상황만 본다면 긍정적인 국면에 접어들었다고 생각합니다. 숫자는 거짓말을 하지 않습니다. 다만 중요한 것은 현재의 좋은 상황을 잘 유지해야 하고, 이번 기회를 통해서 또 다른 위기가 왔을 때 현명하게 극복해내는 것이라 생각합니다.

평가자: 3번에 묻습니다. '이명박 정부' 들어서 사법권의 독립이 위협을 받고 있다는 주장에 대해 어떻게 생각하시나요?

3번: 어느 정도 침해하고 있다고는 생각합니다. 물론 직접적으로 드러나는 것은 없지만, 노무현 전 대통령을 조사할 때 법을 지키지 않은 언론과 검찰을 그냥 놔두는 것이나, 평화 시위에 대해 강제적으로 막는 것을 보면 그러한 측면이 있지 않을까 합니다.

평가자: 4번은 3번이 방금 말한 것에 대해 반론을 제기합니다.

4번: 잠시 생각할 시간을 주십시오.

평가자: 네, 10초 드리겠습니다.

4번: (10초가 흐르고) 어느 정권이나 완벽한 사법권의 독립은 없다고 생각합니다. 가장 민주적인 정부라고 평가를 받은 '국민의 정부'나 '참여 정부'에서도 정부나 대통령이 사법부에 영향을 미치는 일은 있었습니다. 사법부의 핵심 요직을 대통령이 임명한다는 것 자체가 그러한 영향권 하에 들어가는 것으로 생각합니다. 노무현 전 대통령을 조사할 때 언론이나 검찰이 법을 지키지 않았다고 하셨는데, 그에 대한 명확한 증거도 없고 이들이 법을 지키지 않는다고 해서 대통령이 나설 수도 없는 일일 것입니다. 이것은 또 다른 문제를 발생시킬 것으로 생각합니다.

평가자: 4번에 묻습니다. 김대중 전 대통령께서 돌아가셨을 때 국장으로 치른 것에 대해 어떻게 생각하시나요?

4번: 저는 개인적으로 적절한 판단이었다고 생각합니다. 왜냐하면 첫 번째는 국장에 대해 법에 명시된 것이 모호했기 때문에 어느 정도 재량권을 행사한 것이 마땅했다고 생각합니다. 두 번째로 김대중 전 대통령이 국장을 치를 만큼 대내외적으로 존중받을 만한 분이었기 때문입니다. 마지막으로 국민 통합 차원에서도 적절한 선택이 아니었나 합니다.

평가자: 1번은 4번이 방금 말한 내용에 대해 반론을 제기합니다.

1번: 음… 대통령이라고 할지라도 형평성에 문제가 있어서는 안 된다고 생각합니다. 지금까지 전직 대통령이 서거하셨을 때 법이 모호해서 각자 다른 형태의 장례를 치른 것은 아닐 것입니다. 모호한 것이 있다면 이번 기회를 통해 보완하고, 앞으로는 일관된 정책이 필요하지 않을까 생각합니다.

평가자: 모든 분에게 묻겠습니다. 존경하는 인물을 말해주세요. 3번!

3번: 네, 제 고향에서 병원을 운영하는 이OO 원장님을 가장 존경합니다. 이분은 대학교 때 큰 교통사고를 당하셔서 하반신을 아주 쓰지 못합니다. 그럼에도 어려운 공부를 다 마쳤고, 지금은 의사로서 환자들을 진료하고 있습니다. 제가 존경하는 이유는 그 누구도 감당하지 못할 고통을 이겨냈고, 정상인들보다도 더 긍정적이고 즐겁게 일을 하기 때문입니다. 어려운 사람을 돕는 일에 누구보다도 앞장을 서고, 새로운 도전을 즐기기도 합니다. 지난번 OO방송국의 퀴즈 프로그램에 나와서 수많은 사람들에게 감동을 준 적도 있습니다.

평가자: 다음은 1번!

1번: 처음 소개에서 말씀드린 바와 같이, 저는 아버지를 이 세상에서 가장 존경합니다. 대학을 졸업하고, OO은행에 입사하여 전라남도의 조그만 도시에서 직장 생활을 시작하셨습니다. 항상 규칙적인 생활을 하시면서 성실하게 살아오셨습니다. 단 한 번도 가족들에게 화를 내신 적이 없고 아무리 힘드셔도 내색 한 번 안 하셨습니다. 그 덕분에 저는 공부에만 전념할 수 있었습니다. 저에게 아버지는 슈퍼맨이십니다.

평가자: 다음은 4번!

4번: 저는 빌 게이츠를 가장 존경합니다. 그가 창고에서 마이크로소프트사를 창업했을 때 '이 세상 모든 사람의 컴퓨터에 내가 만든 운영 시스템을 사용하도록 하겠다'라는 목표를 정했다고 합니다. 당시에 이러한 목표를 본 사람들은 아마 비웃었을지도 모릅니다. 그러나 그는 결국 이것을 해냈습니다. 저는 그가 지금 세계 최고의 부자가 된 것을 존경하는 것이 아니라, 자신이 세운 원대한 꿈을 포기하지 않고 이루어냈다는 점을 존경합니다.

평가자: 다음은 2번!

2번: 제가 초등학교 4학년 때 담임이셨던 김OO 선생님을 존경합니다. 이분은 교사로서 온 정성을 쏟아 사신 분입니다. 그 누구 하나 개인적인 치우침 없이 공평

하게 아이들을 대해주셨습니다. 제가 몸이 약해서 체육 시간에 빠지려고 할 때마다 단 한 번도 봐준 적이 없었습니다. 그 결과 저는 아이들과 잘 어울려 놀 수 있었습니다. 나중에 안 사실이었지만, 암에 걸린 것을 아셨음에도 학년 말까지 수업을 진행하신 것이었습니다. 그다음 해에 돌아가신 선생님을 통해 저는 열정, 헌신, 책임감 등에 대해 배울 수 있었습니다.

평가자: 1번에 묻겠습니다. 서울에 바퀴벌레가 몇 마리 있나요?

1번: 제 생각에 바퀴벌레는 번식력이 좋아서 최소 열 마리 이상의 자식을 낳으리라고 보았을 때 최소 1억 마리 이상은 되지 않을까 합니다.

평가자: 3번 말씀해주세요.

3번: 바퀴벌레는 제가 가장 싫어하는 것이라 생각을 하기도 끔찍합니다만, 우리 집에만 최소 100마리가 있다고 생각을 하면, 서울에 가구 수가…….

평가자: 4번 말씀해주세요.

4번: 저도 3번과 같은 생각입니다. 서울에 가구 수가 최소 300만이라고 할 때…….

평가자: 2번 말씀해주세요.

2번: 잠시 생각할 시간을 주십시오.

평가자: 앞에서 다른 사람들이 이야기할 때 무슨 생각하셨어요? 충분히 생각할 기회가 있었을 텐데…….

2번: 죄송합니다. 말씀드리겠습니다.

평가자: 됐습니다. 그냥 넘어가겠습니다.

평가자: 1번에 묻겠습니다. 우리 회사는 일인다역(一人多役)을 해야 하기 때문에 한 우물만 파는 사람은 필요 없어요. 아마 한 우물만 파는 사람을 좋아하는 회사들이 많은 거예요. 다른 회사에 가세요.

1번: 아닙니다. 제가 한 우물만 파겠다는 의미는 한 가지 일만 할 것이고, 오로지 한 가지 일만 할 수 있다는 것은 아닙니다. 저는 귀사의 직원으로서 오로지 한 우물만을 파겠다는 의미로 말씀드린 것입니다. 요즘 한 직장에서 오래 버티지 못하는 사람들이 많다고 들었습니다. 조금만 더 좋은 조건을 제시하면 바로 다른 곳으로 옮기는 사람들도 많다고 들었습니다. 물론 시대가 변하여 평생직장이 보장되는 곳도 점차로 줄어들고 있고, 개인적으로 오랫동안 일을 하려면 경력 관리를 잘해야 한다는 생각에 이런 일이 발생한다고 생각합니다. 그러나 저는 귀사의 핵심인력이 되어 CEO까지 올라가는 것이 목표입니다. 신입사원 때부터 그 기업의 문화를 잘 이해하고, 비전을 공유하며, 회사와 함께 성장하는 사람은 시대의 변화와 상관없이 언제나 존재해왔고, 앞으로도 이런 소수의 사람이 최고의 전문 경영인으로 성장할 수 있을 것입니다.

평가자: 그럼 다양한 일을 할 수 있을 것이라는 걸 어떻게 확인하죠?

1번: 대학교 2학년 때, 저는 가정 형편 때문에 아르바이트를 두 개나 해야 한 적이 있습니다. 새벽에는 우유를 배달했고, 저녁에는 보습학원에서 아이들을 가르쳤습니다. 그럼에도 전공 공부도 전혀 소홀히 하지 않았습니다. 그 결과 2학년 1학기와 2학기 모두 장학금을 받을 수 있었고, 학원에서는 성실성과 능력을 인정받아 시간당 강사료가 30% 인상되었으며 아버지의 수술비까지 마련할 수 있었습니다. 저는 이만큼 주어진 환경에서 온 정성을 쏟아 반드시 성과를 내는 사람입니다.

평가자: 2번에 묻겠습니다. 영업팀에서 일하고 싶다고 했는데 그렇게 긴장을 해서 어떻게 하시려고요?

2번: 죄송합니다. 제가 원래 사람들 앞에서 활발한데 오늘따라 너무 긴장됩니다.

평가자: 마라톤 완주까지 한 사람이 왜 그래요? 마라톤 완주한 거 맞아요?

2번: 요청하시면 완주 확인서를 보내 드리겠습니다. 마라톤을 완주했다고 해서 긴장을 안 하는 것은 아니라고 생각합니다. 예전에 신문에서 세계 최고봉들을 모두 정복한 엄홍길 씨가 인터뷰한 내용에서 높은 산은 다 올라갈 자신이 있지만, 너무 떨려서 강의는 하지 못한다는 것을 본 적이 있습니다. 심장이 아무리 튼튼해도 긴장하고 떠는 자리가 있을 수 있다고 생각합니다. 그것은 그 사람 인생에서 얼마나 중요한가에 따라 결정되지 않을까 합니다. 저에게는 이 자리가 제 인생에서 가장 중요한 자리이기 때문에 그만큼 긴장하고 떤다고 생각해 주셨으면 고맙겠습니다.

평가자: 3번에 묻겠습니다. 가정 형편 때문에 사법고시 준비를 포기했다고 했는데, 가정 형편이 어려운 가운데에서도 계속 도전을 해서 결국 합격하는 사람들도 많습니다. 본인의 핑계가 너무 궁색하지 않으세요?

3번: 네, 물론 그런 사람들도 있습니다. 그러한 점에서는 드릴 말씀이 없습니다. 그러나 저만 공부를 하는 상황이었으면 지금까지도 계속 공부를 하고 있었을 것입니다. 하지만 아직 고등학생인 동생들 학비가 문제였습니다. 저도 포기하기가 절대 쉽지 않았습니다. 고통 그 자체였습니다. 제 현실에서 도망가고 싶다는 생각을 한 적도 있습니다. 저는 이 모든 것들을 이겨냈고, 지금 이렇게 이 자리에 당당하게 서 있습니다.

평가자: 상황이 나아지면 또 고시 공부하겠다고 그만둘 것 같은데…….

3번: 절대 그럴 리 없을 것입니다. 막냇동생이 대학에 들어가려면 아직도 2년이나 남았습니다. 그 기간에 저는 귀사에서 자리를 잡고 있을 것이고, 그 자체가 저에게 큰 가치를 주고 있을 것입니다. 물론 제가 오로지 현실적인 면을 따져 귀사를 선택한 것은 아니라는 것을 말씀드리고 싶습니다.

평가자: 4번에 묻겠습니다. 새벽마다 영어학원에 다니고, 부전공으로 영어를 선택해서 학점도 좋은데 왜 아직도 영어 실력이 부족하다고 생각하시죠? 너무 자신감이 없는 거 아닌가요?

4번: 아닙니다. 영어 점수로 치면 저도 토익 900점이 높습니다. 그러나 점수만 높고 실전에서 말을 제대로 하지 못하는 사람이 되고 싶지 않습니다. 점수에 맞는 언어 구사력이 부족하다는 것을 말씀드린 것입니다.

평가자: 영어에 자신이 없으니까 영어가 필요 없는 업무를 선택하신 거 아닌가요?

4번: 아닙니다. 저는 글을 잘 씁니다. 대학 때 학교 신문사에서 기자 생활도 하였습니다. 사람들도 잘 챙깁니다. 술자리에서 신나게 놀 줄도 압니다. 뛰어난 창의력을 바탕으로 다양한 보도 자료를 만들어서 회사의 가치를 높이는 데 전력을 기울이겠습니다.

평가자: 술 마시는 거랑 홍보팀에서 일하는 거랑 무슨 상관이 있나요?

4번: 물론 술을 잘 마신다고 홍보팀 업무를 잘한다는 것은 아닙니다. 다만 업무의 일환으로서 기자들과 술자리를 가질 기회가 많을 것으로 생각합니다. 그러한 면에서 사람들과 잘 어울리고 우호적인 분위기를 만들 수 있다는 점이 긍정적인 면으로 작용할 것으로 생각합니다.

평가자: 1번에 묻습니다. 만일 넷 중 한 명만 합격을 한다면 누가 합격할까요?

1번: 여기 계신 다른 분들도 모두 훌륭하십니다. 면접에서 같은 조에 배정된 것도 큰 인연인데 다 같이 합격하여 함께 직장생활을 했으면 좋겠습니다만, 단 한 명만 뽑혀야 한다면 당연히 제가 뽑힐 것으로 생각합니다. 그 이유는 열정 면에서 다른 사람들과는 다른 모습을 보여주었기 때문일 것입니다.

평가자: 2번에 묻습니다. 내년에 반드시 합격할 수 있다는 보장을 해주면 이번에는 다른 사람에게 합격을 양보할 수 있나요?

2번: 절대로 그럴 수 없습니다. 그 이유는 두 가지입니다. 사람에게는 때가 있습니다. 저는 올해부터 귀사에서 일하고 싶습니다. 내년에 어떠한 보장이 되어 있다 할지라도 저에게는 중요하지 않습니다. 이번에 저를 탈락시키시면 아마 경쟁사에 들어가서 귀사에 큰 위협이 될지도 모릅니다. (웃음)

평가자: 3번에 묻습니다. 이 중 한 명만 탈락을 한다면 누가 될까요?

3번: 저에게 그런 냉정한 질문을 하실 줄은 예상치 못했습니다. 잠시 생각할 시간을 주십시오. (약 10초의 시간이 흐르고) 죄송합니다만 도저히 이 질문에 답변을 드리지 못하겠습니다. 모두 훌륭하시고, 온 힘을 다하는 모습을 보여주었기 때문에 귀사를 위해서라면 저희 조에서는 단 한 명도 떨어져서는 안 된다고 생각합니다.

평가자: 4번에 묻습니다. 만일 이번에 탈락하면 어떻게 하실 건가요?

4번: 솔직히 아직 거기까지는 생각해보지 못했습니다. 그리고 저 자신을 냉정하게 평가해보았을 때 그것까지 생각해야 할 필요를 느끼지 못하고 있습니다. 제가 《삼국지》를 좋아하는데, 여기에서 나오는 명장들은 전쟁에 나갈 때 결코 전쟁 후의 실패를 생각하지 않았습니다. 바로 이러한 자세가 전쟁에서의 승리를 이끌 수 있었다고 생각합니다. 저도 전쟁터에 나간다는 각오로 이 자리에 나왔습니다.

평가자: 그래도 탈락한다면 어떻게 하실 건가요?

4번: 다른 곳에 가지 않고 한 번 더 귀사에 응시하고 싶다는 말씀을 드리고 싶지만, 현실은 저에게 만만하지 않을 것 같습니다. 당연히 다른 곳의 문을 두드릴 것이고, 다른 곳에 합격한다면 귀사에 다시 응시하기 위해 그 기회를 놓을 것인지 잡을 것인지, 한 번 더 심각하게 고민해보겠습니다. 어쨌든 지금은 솔직히 잘 모르겠습니다.

평가자: 마지막으로 30초의 시간을 드리겠습니다. 꼭 하고 싶은 말씀 있으시면 하시기 바랍니다. 1번부터 하도록 합니다.

1번: 우유 배달을 할 때 깨달은 것이 있습니다. 아무리 시시하고 사소한 일이라도 대충하거나 성실하지 않으면 제대로 할 수 없다는 것이었습니다. 아무리 작은 일이라도 온 힘을 다하게 되면 어떤 일을 맡더라도 잘해낼 수 있는 잠재력이 생긴다는 것도 깨달았습니다. 이제 대학을 졸업하고 내세울 것 별로 없는 젊은이입니다. 제 안에 내재하여 있는, 큰일을 해낼 수 있는 잠재력 하나 보고 저를 채용해주십시오. 감사합니다.

2번: 저는 어렸을 때부터 귀사의 제품을 사용하면서 자라왔습니다. 제 인생 최초의 컴퓨터도 귀사의 제품이었고, 제가 스스로 돈을 모아 산 디지털카메라도 귀사의 제품이었습니다. 지금 저의 인맥을 관리해주는 휴대폰도 귀사의 제품입니다. 저에게 최초라는 의미를 주고 처음으로 보람을 느끼게 해주었으며, 저에게 가장 귀중한 사람들과 바로 연결해주는 귀사의 제품과 함께 앞으로 더욱더 성장하고 싶습니다.

3번: 법무팀은 매출을 내지 못합니다. 어쩌면 인건비만 소요되는 부서일지도 모릅니다. 그러나 공을 들여 쌓은 탑이 법적인 문제로 하루아침에 무너지기도 합니다. 법적인 대처를 잘해서 회사가 수익을 올리는 데 결정적인 이바지를 하기도 합니다. 이러한 면에서 법무팀이 얼마나 중요한 역할을 하는 곳인지 잘 알 수 있습니다. 저는 법학을 전공하고, 사법고시를 준비하면서 얻은 지식을 바탕으로 귀사에서 보이지 않는 수익을 올리는 데 이바지하고 싶습니다.

4번: 20년 후, 홍보담당 임원이 되어 눈코 뜰 새 없이 바쁘게 일하는 저를 상상해봅니다. 홍보 전문가로서 성공하여 책도 냅니다. 제가 낸 책은 홍보맨을 꿈꾸는 젊은이들에게 지침서가 됩니다. 오로지 귀사에서 성공적인 홍보 전문가로 성장하는 꿈을 꾸고, 그 덕분에 항상 행복한 저를 주목해주십시오.

3. 프레젠테이션 모의 면접 및 코칭 사례

본 프레젠테이션 모의 면접의 신청자는 OO여자대학교를 2010년 2월에 졸업한 취업 재수생 A씨였다. A씨는 필자에게 국내 대기업 계열사의 1차 인성 면접을 위한 개별 코칭을 요청하여 모의 면접을 진행하였으며, 합격 통보를 받은 바 있었다. A씨는 일주일 후에 진행될 최종 프레젠테이션 면접에 대한 코칭도 요청했다.

총 2회에 걸쳐 모의 면접을 진행하였는데 예상 주제가 출제되었고, 결과는 최종 합격! 이 회사는 취업 선호도가 매우 높아 엄청난 경쟁률을 기록한 데다가 A씨가 지원한 분야는 단 한 명만을 뽑았기 때문에 그 기쁨은 두 배가 되었다.

모의 면접 진행과 코칭 전 과정을 처음부터 기록했다. 그러나 이 회사의 제품, 서비스, 전략 등에 대한 구체적인 내용은 회사 측에 자칫 민감한 사안이 될 수도 있을 뿐만 아니라 지원지 개인 신상을 보호해주어야 한다는 판단하에 실제로 작성되었던 프레젠테이션 원고와 발표 내용 대신 진행 절차를 위주로 게재했다. 그럼에도 프레젠테이션 면접을 성공적으로 준비하기 위한 핵심적인 내용이 모두 담겨 있다는 점만은 알아주길 바란다. 마찬가지로 필자를 평가자로, A씨를 지원자로 표현했다.

● 프레젠테이션 모의 면접 시작

지원자: 인성 면접은 예전에 여러 번 경험했지만, 프레젠테이션 면접은 처음이에요. 게다가 학교 다닐 때에도 누구 앞에 서본 적이 거의 없어서 너무나도 떨리고 긴장돼요.

평가자: 당연히 긴장되겠지만, 어깨에 힘을 빼시고 온 정성을 쏟으신다면 좋은 결과가 있을 거예요. 먼저 예상 주제부터 정해보도록 하시죠. 여러 가지 고민을 해보았는데 신입사원을 뽑는 전형이라는 점, 마케팅 부서라는 점, 업계 2위로서 신제품 등을 통해 적극적인 마케팅을 펼치는 점 등을 고려하여 〈신제품을 경쟁사와 차별화하여 마케팅 하는 방안〉으로 정해보았습니다.

지원자: 네, 알았습니다. 프레젠테이션 면접에서 좋은 점수를 얻으려면 어떠한 사항들에 중점을 두어야 할까요? 이건 사실 강의와도 같잖아요.

평가자: 맞아요. 강의와 성격이 비슷해요. 먼저 제가 작성한 프레젠테이션 모의 면접 평가표부터 보시죠.

＊ **자세 및 태도 체크리스트** (평가는 상·중·하로 하여 부족한 부분은 보완한다)

체크 항목	평가
■ 주제를 정확하게 파악하고 있는가? ■ 표정과 제스처가 자연스러운가? ■ 자신감이 있는가? ■ 주장하는 내용에 대한 명확한 근거가 있는가? ■ 말이 짧게 끝나는가?	

- 끝까지 온 정성을 쏟는 모습을 보여주었는가?
- 주장의 기승전결이 분명한가?
- 말의 속도가 적절한가?
- 적절한 그림, 도표, 그래프 등이 사용되었는가?
- 논리 전개가 전체적으로 체계를 잘 갖추고 있는가?
- 핵심 주제어가 명확하게 표현되는가?
- 주어진 시간을 잘 활용하는가?
- 자료를 보지 않고도 진행할 수 있는가?
- 실수했어도 당당한가?

* 평가표

체크 항목	평가
자연스러운 표정과 제스처	S A B C D
적극성	S A B C D
열의	S A B C D
순발력	S A B C D
배짱	S A B C D
창의성	S A B C D
전문성	S A B C D
논리성	S A B C D

표현력	S A B C D
문제 해결 능력	S A B C D
긍정적인 마인드	S A B C D

[평가 기준] S: 매우 뛰어남, A: 뛰어남, B: 평범, C: 미흡, D: 매우 미흡

지원자: 음…. 이렇게나 신경 써야 하는 것이 많을 줄은 몰랐네요.

평가자: 항목들은 많지만, 두 가지만 신경 쓰시면 돼요.

지원자: 그게 뭔데요?

평가자: '어떻게 하면 나의 발표를 듣는 사람들을 지루하지 않게 만들면서도 쉽게 이해할 수 있게 할까?' 하는 것이에요.

지원자: 네, 그렇군요. 그런데 말이 쉽지…….

평가자: 물론 어렵지요. 기업에서 프레젠테이션을 전문적으로 담당하거나 수년간 강의를 해온 사람들한테도 항상 어려운 문제이니까요. 당연히 면접관들도 전문가 수준의 발표가 나오기는 어렵다는 것을 잘 알고 있어요. 그래서 '완벽함'을 추구하기보다는 젊은이로서의 '패기', 즉 다소 부족하더라도 끝까지 온 힘을 다하고, 실수해도 당당한 모습을 보여주는 것이 더 중요해요.

지원자: 명심하겠습니다.

평가자: 이제 시작하시죠. 준비하는 시간 30분 드리겠습니다. 여기에 있는 PC를 이용해서 프레젠테이션 자료를 준비해주세요.

지원자: 좀 더 시간을 주시면 안 되나요? 연습인데…….

평가자: 안 돼요. 연습의 모든 것은 실전과 똑같이 진행되어야 해요. 실제 면접장에

서 주어진 시간 안에 예상치 못했던 질문에 대해 발표를 준비하려면 순발력도 중요해요. 연습에는 순발력 발휘까지 포함되어 있어요.

지원자: 알았습니다.

평가자: 지원 회사에 따라, 또는 환경에 따라 인터넷의 활용 여부가 다르겠지만 여기서는 인터넷 활용 없이 준비하는 것으로 하겠습니다. 시작합니다.

● 발표

평가자: 이제 발표를 시작하도록 하겠습니다. 시간은 정확히 10분을 드리겠습니다. 시간이 초과하면 더는 진행하실 수가 없고, 감점이 부여됩니다.

지원자: 안녕하십니까? 신제품에 대한 마케팅 방안을 발표하게 된 OOO입니다. 먼저 목차를 말씀드리겠습니다. 우선 서론 부문에서 신제품 마케팅의 필요성에 대해 말씀드리고, 본론 부분에서 마케팅 전략 및 전술, 그리고 마지막으로 결론을 말씀드리겠습니다. 첫째 서론입니다. (이하 중략)

지원자가 준비한 프레젠테이션 자료는 서론 1페이지, 본론 4페이지, 결론 1페이지 등 모두 6장으로 구성되어 있었다. 페이지마다 파워포인트 백지에 텍스트로 가득 차 있었다. 긴장한 탓인지 처음에 인사를 어디에서 해야 하는지 당황하다가 스크린의 왼쪽에 자리를 잡고 발표를 시작했다. 말이 막힐 때마다 자꾸 스크린을 쳐다보았다.

또한 발표 중간마다 손으로 턱을 만지거나 자주 머리를 쓸어 넘겼다. 목소리 톤이 높지 않아 큰 목소리가 나오지 않았고, 높낮이와 속도가 일정하였다. 내용은 어느 지원자든지 발표할 수 있을 만큼 평범한 것들이었다. 결론 부분을 설명하고, 어떻게 마무리를 해야 할지 몰라 잠시 머뭇거리다가 다음과 같은 발언으로 마무리를 지었다.

지원자: 이상으로 발표를 마칩니다. 감사합니다.

평가자: 고생했어요. 9분 42초 걸렸네요. 스스로 평가를 해본다면 몇 점일 것 같아요?

지원자: 정말 어렵네요. 너무 긴장해서 아무 생각도 안 나고……. 연습 때도 이런데 진짜 면접에 가면 더 못할 것 같아요. 50점도 못 주겠어요.

평가자: 자책하지 마세요. 처음엔 다 그래요. 이게 연습이니 얼마나 다행이에요? 이제부터 보완해야 할 점들을 냉정하게 말씀드릴 테니까 서운하게 생각하지 마시고, 모두 꼼꼼히 적어두세요.

지원자: 네, 알았습니다.

● 코칭 1 – 자료에 대한 평가

평가자: 요즘 기업들은 치열한 경쟁 속에서 살아남고자 치열하게 싸우고 있어요. 이러한 경쟁에서 승패를 가르는 핵심적인 요인 중 하나가 마케팅 전략이라는 것은 두말할 필요도 없겠죠. 마케팅팀에서 일할 사람은 누구보다도 창의적이어야 해요. 사소한 것 하나를 하더라도 남들이 아직 생각하지 못한 것들을 찾아내야 하고, 더 많은 고객을 우리 편으로 만들려고 항상 새로운 관점에서 해결책을 얻어내야 합니다. 이러한 점에서 봤을 때 발표 자료는 너무나도 실망스러워요. 백지에 오로지 텍스트뿐이라니……. 이건 초등학생도 할 수 있지요. 도형이나 그림, 색깔, 배치 등 활용할 수 있는 도구들이 많이 있는데, 그러한 고민 없이 그냥 텍스트만으로 자료를 구성했다는 것은 창의성뿐만 아니라 합격하고자 하는 열의까지도 없어 보이게 해요.

지원자: 인터넷도 쓸 수 없고, 시간도 부족하고…….

평가자: 누구에게나 그러한 제한은 존재하지요. 그리고 인터넷 없이는 창의적으로 만들지 못하나요? 기업은 최악의 상황에서도 어떻게 해서든지 성과를 창출해야 하는 곳이에요. 환경 탓만 하다가는 아무것도 못해요. 주어진 여건을 활용해서 충분히 남들과 다르게 만들 수 있어야 해요.

지원자: 반드시 그림이 들어가야 창의적인 건가요?

평가자: 그건 아니에요. 텍스트만을 가지고도 충분히 창의적으로 구성할 수 있어요. 문제는 지원자님은 전혀 그렇지 못하다는 것이에요. 한번 살펴보세요.

1. 서론

①

②

③

2. 본론

①

②

③

3. 결론

①

②

③

왜 꼭 일반 문서를 작성하듯이 해야 했죠? 꼭 번호를 붙일 필요 있어요? 서론, 본론, 결론이라고 굳이 이름을 붙여야 할 필요가 있었어요? 서론, 본론, 결론 대신 다른 이름을 사용하면 안 되나요? 너무 형식적이고, 평범하고, 틀에 박혀 있어요. 호기심을 불러일으켜야 해요. 그래서 텍스트보다는 도형이나 그림, 사진 같은 것들이 더 효과적이지요. 그래야 청중들은 '저게 뭐지? 무슨 의미일까? 발표자의 말을 들어 보아야겠다'라는 생각을 하게 돼요. 굳이 텍스트를 쓰려면 호기심을 불러일으킬 만한 짧은 표현이나 의문문 등을 사용하는 것이 좋고 그림이나 도형, 그래프, 표 등과 함께 사용하는 것이 좋아요.

지원자: 말씀을 들어보니 그렇네요.

평가자: 사진, 도형, 그림 등을 활용할 때도 중요한 것이 있어요. 화려하게 꾸민다고 되는 것이 아니라 도형 하나, 색깔 하나를 쓰더라도 다 의미가 있어야 하고, 질서와 일관성이 있어야 해요. 이렇게 해야 발표자만의 특징을 갖게 돼요. 발표자만의 특징이란 이런 것이지요. 'A씨는 무지개 색깔을 아주 잘 활용하는 발표자야', 'B씨는 상당한 호기심을 불러일으키는 발표자야', 'C씨는 모든 것을 간단한 도형만으로 표현하는 데 탁월한 능력을 갖추고 있어' 등과 같은 평가를 받을 수 있어야 합니다.

● **코칭 2 – 목소리, 말투, 자세, 표정 등에 대한 평가**

지원자: 그렇군요. 좀 색다르게 만들면 텍스트를 써도 문제가 없는 건가요?

평가자: 텍스트는 되도록 쓰지 않는 것이 좋아요. 특히 상세한 내용이 다 들어가 있는 것은 대부분 그렇지요. 작성하신 내용을 한번 보세요. 말하려는 내용이

다 들어가 있죠? 듣는 사람으로서는 발표자가 말할 내용을 한눈에 알 수 있어요. 굳이 발표자의 말에 귀를 기울일 필요가 없겠죠? 이런 것을 0점짜리 프레젠테이션이라고 해요.

지원자: 또 다른 점을 지적해주세요.

평가자: 지원자님은 얼굴도 작고, 피부도 하얗고, 체구도 작고……. 그러다 보니 연약해 보여요. 그렇다고 당장 외모를 고칠 수도 없는 일이지요. 그렇다면 목소리로 강인함을 보완해야 해요. 긴장하다 보면 원래 목소리가 잘 나오지 않는 것은 이해가 가지만, 지원자님은 특별히 더 목소리에 신경을 써야 해요. 크게 내는 것이 힘들다면 목소리 톤이라도 높여 보세요. 뉴스 진행자를 보면 듣는 사람이 바로 앞에 있지 않고, 상당히 멀리 떨어져 있는 것처럼 목소리 톤을 높이죠. 오늘 저녁에 뉴스를 보면서 아나운서의 목소리를 유심히 살펴보세요.

또한 목소리의 높낮이가 거의 없고, 속도가 똑같다 보니 듣는 사람 처지에서는 좀 지루해요. 강조할 부분에서는 목소리를 높이거나 속도를 천천히 하셔야 해요. 그리고 말이 너무 빨라요. 듣는 사람을 배려하려면 속도를 지금보다 낮추어야 해요. 사람들은 긴장하면 말이 빨라져요. 긴장해서 빨라진 말투를 머리가 따라잡지 못할 경우가 많아요. 그러다 보면 일단 내뱉기는 했는데 나중에 정리되지 않고, 최악에는 자신이 의도하지 않은 결론으로 내닫는 악순환이 일어나곤 하지요. 뉴스에서 아나운서와 기자들의 말이나 각 분야의 전문가들이 인터뷰하는 것을 잘 들어보세요. 뜻밖에 빠르지 않아요. 다음은 표정이에요. 처음부터 끝까지 굳은 표정이에요. 당당함, 패기, 열정 등이 하나도 보이질 않아요. 아무리 긴장을 하더라도 의식적으로 표정의 변화를 줘야 해요. 최소한 처음이나 끝 부분에서 인사를 할 때만이라도 미소를 보여주셔야 해요. 강조하고자 하는 부분에서는 눈빛을 달리한다든가 하는 등의 노력도 기울여야 해요.

제스처에 대해 지적해보도록 하지요. 발표하실 때 보면 손이 머리에 갔다가, 턱에도 갔다가, 차려 자세를 했다가, 손을 모았다가 등등 너무나도 어수선해요. 단지 어수선한 것에서 끝나는 것이 아니라 자신감이 전혀 없어 보이고, 불안정한 사람이라는 평가를 받을 수도 있어요. 손은 가지런히 모으는 것을 중심으로 하되 중요한 사항을 가리킬 때만 움직이도록 하세요. 손으로 가리킬 때에도 손가락을 사용하지 말고, 손을 펴서 손 전체를 사용하는 것이 더 단정하고 깔끔해 보여요. 좀 더 적극적으로 보이고 싶으면 첫째, 둘째, 셋째 등을 말할 때 손가락을 사용하는 것도 좋은 방법이에요.

서 있는 위치도 중요해요. 처음에 인사할 때는 스크린을 가려도 돼요. 처음부터 강렬한 인상을 주려면 모든 시선을 자신에게 가져와야 하는데, 스크린이 보이면 청중의 시선이 거기에 가 있을 수도 있어요. 인사가 끝났으면 스크린 옆으로 비켜서세요. 발표자의 눈은 거의 모든 순간 청중에게가 있어야 해요. 자료를 보지 않아도 다 안다는 인상을 심어주셔야 해요.

중요한 사항을 짚어주거나 페이지가 바뀔 때 정도만 화면을 봐야 합니다. 좀 전에 발표하실 때 말이 막힐 때마다 습관적으로 뒤를 쳐다보았어요. 어수선해 보이고 프로다운 모습이 하나도 보이지 않았어요. 몸을 일부는 청중 쪽으로, 일부는 스크린 쪽으로 향하게 서면 자신도 모르게 이러한 모습이 나오므로 아예 청중 쪽으로 향해서 서세요. 그리고 스크린을 볼 때에도 몸을 완전히 돌려서 등을 보이면 안 돼요. 상체와 고개만을 사용하도록 해요. 일기예보를 하는 진행자의 자세가 정답이에요.

발표가 끝나면 다시 스크린 중앙으로 오셔서 '끝이 났음'을 밝히시고, 처음과 같이 정중하게 인사를 하셔야 해요. 이때 발표를 들어준 것에 대해 청중들에게 감사를 표시한다면 발표자의 여유가 느껴지게 돼요. '질문이 있으면 손을 들어 표해줄 것'을 정중히 요청하고, 시간을 잘 고려하여 질문 개수를 조정하는 것도 좋아요. 여기서 중요한 것은 "부족한 저의 발표를 들어주셔서 고맙습니다"처럼 '부족한' 등과 같은 부정적인 표현을 쓰면 절대로 안 돼요. 당당함이라는 측면에서 매우 낮은 평가를 받을 수도 있어요. 한마디로 용두사미(龍頭蛇尾)가 되어버리는 것이지요.

● 코칭 3 – 내용에 대한 평가

지원자: 발표 내용에 대해서도 말씀해주세요.

평가자: 평범했어요.

지원자: 그나마 다행이네요. 평범하다고 말씀하셔서요. 혹평을 받을 줄 알았는데…….

평가자: 평범하다는 것이 혹평이에요. 한 명 뽑아요, 단 한 명. 평범하면 당연히 떨어져요.

지원자: 그렇지만 마케팅 전문가들도 전략을 수립하는 데 수많은 시간이 걸릴 텐데요. 이제 대학을 갓 졸업하고, 사회 경험이 거의 없는 사람들이 새로운 전략을 얼마나 잘 말할 수 있겠어요. 게다가 30분 준비해서 말이죠.

평가자: 당연히 당장 기업이 추진할 수 있는 마케팅 전략이 면접에서 나오지 않겠죠. 게다가 그것이 사회 초년병들의 머릿속에서 나오기란 하늘에서 별 따기이겠지요. 말씀하신 대로 전문가들도 어려워하는데 말이죠. 그러나 여기서 중요한 건 평상시에 얼마나 많은 노력을 해왔는지에 있어요. 그것도 자발적으로, 강요가 아닌 흥미에 의해서 얼마나 다양한 사례들을 검토하고 관심을 기울여 왔는지는 보여줄 수 있어야 해요. 순발력이나 창의성은 평상시의 노

력이 바탕이 되는 것이에요. 태어날 때부터 천재적으로 순발력이 있거나 언제 어디서든 반짝이는 아이디어를 즉시 내놓을 수 있는 사람은 거의 없어요. 지식뿐만 아니라 수많은 기업들의 마케팅 사례들이 창의적인 마케팅 전략의 원천이에요. 창의라는 것은 무에서 유를 창조하는 것이 아니라 기존에 있던 것들을 잘 활용해서 나만의 것을 만들어 내는 것이에요.

또한 제한적으로 가진 지식을 통해 조금이라도 다른 관점에 서보고자 하는 노력의 흔적을 보여주는 것도 중요해요. 그것이 부족하다 하더라도. 그런데 지원자께서 발표하신 내용은 아무런 노력의 흔적도 보이지 않고, 경영학을 전공한 사람이나 마케팅 개론을 공부한 사람이라면 누구나 발표할 수 있는 평범한 것들이었어요.

지원자: 큰일이네요. 저는 지금까지 신문 등을 통해서 기업들의 사례들을 보긴 했지만, 눈여겨보지는 않았거든요.

평가자: 아니에요. 다행히도 아직 시간이 있어요. 그것도 일주일씩이나. 사례들을 전혀 보지 않았다면 심각한 상황이겠지만, 곁눈질로라도 봐서 다행이에요. 분명히 본인의 감각 속에 스며들어 있을 거예요. 이제 남은 며칠 동안 체계적으로 정리해보도록 해요. 이제부터 최근 기업들의 마케팅 사례들을 정리해 드릴게요. 그리고 책 몇 권을 추천해 드릴 테니까 꼼꼼히 읽어보도록 하세요. 그러면 지원 회사에 대한 좋은 답변을 만들어낼 수 있을 거예요. 오늘 말씀드린 내용을 잘 생각하시면서 체크리스크와 평가표를 작성해보시고, 부족한 부분은 반드시 보완해주세요.

● 코칭 4 – 2차 코칭

며칠 후에 다시 만난 지원자는 상당히 달라져 있었다. 머릿속이 정리되었기 때문인지 긴장하는 모습은 사라지고, 자신감을 느낄 수 있었다. 지난번과 같은 주제로 다시 한번 모의 프레젠테이션을 진행했다. 지원자는 며칠 동안 연구한 파워포인트 자료를 선보였다. 서론, 본론, 결론, (1), (2), (3)과 같은 형식들과 수많은 텍스트는 자취를 감추었다. 간결하지만 인상적인 테두리가 페이지마다 생겼고, 간단한 텍스트와 도형들이 보기 좋게 구성이 되어 있었다.

특히 인상적인 것은 전체 형식에 일관적인 흐름을 만든 것이었다. 페이지마다 질문을 던졌는데, 그것은 모두 KBS의 스펀지와 같이 '우리 회사의 신제품은 다'와 같은 형식으로 화두를 던짐으로써, 청중들의 관심을 유도하고자 시도한 것이었다. 내용 역시 추천한 책들을 꼼꼼히 읽은 효과가 나타나서, 지원 회사에 맞는 새로운 시각을 보여주고자 노력한 흔적을 엿볼 수 있었다.

마지막으로 발성 훈련을 하였고 발음, 속도, 제스처, 표정, 자세 등을 중심으로 최종적으로 개선해야 할 사항들을 보완해주었다.

4. 말의 속도를 조절하고 발음연습을 강화하라!

면접관의 질문에 답변을 할 때 말의 속도를 조절하게 된다면, 내용의 전달력과 신뢰감을 최소 2배 이상 높일 수 있다.

필자는 지금까지 대기업에서 HR 업무를 18년 이상 하였고, 인사팀장을 10년 동안 하며 수많은 면접을 직접 보면서 면접에서의 말의 속도가 얼마나 중요한지를 느꼈다. 말의 속도가 빠르면 면접관은 무슨 말을 하는지 알아듣지 못한다.

또한 정확한 발음 연습을 통하여 또박또박 답변하게 된다면 말 그대로 똑 부러진다는 인상을 주어 면접에서의 합격 확률을 훨씬 높일 수 있다.

● 말의 속도를 늦춰라

실전 면접에서 100글자를 20초에 말해야 한다. 평상시 훈련에서는 100글자를 22초에 말하는 연습을 한다. 이유는 실전 면접에서는 긴장감이 더해져 평상시보다 2초 이상 말이 빨라지기 때문이다. 아래의 내용을 보고 큰 소리로 또박또박 읽으며 답변하는 연습을 하기 바란다.

리콜이란 판매한 제품에서 결함이 발생했을 때 제조회사가 해당 제품을 거둬들여 고쳐 주고 수리가 안 되면 제품을 바꿔 주는 제도다. 한마디로 무상회수 수리쯤으로 풀이되는데 선진국의 경우 소비자 보호운동의 최종 단계로까지 평가되고 있다.

TIP 처음 시작할 때 1~2초 정도 쉬었다 하는 것도 한 방법이다. 실제 면접에서 질문을 받게 되면 머릿속으로 짧은 시간이지만 답변할 내용을 정리한 후에 말하는 것이 좋다. 이때 면접관도 답변을 경청할 준비시간을 가질 수 있기 때문이다.

● 발음연습을 강화하라

평상시에 혀운동, 입술운동, 턱운동, 설음훈련 등 정확한 발음연습을 한다. 처음에는 한 글자씩 연습한 후 사신감이 붙으면 진체 문장을 읽으며 완성해보도록 한다.

다음 내용을 보며 목소리를 크고 활기차게(표정도 밝게), 말의 속도도 조절해가면서 정확한 발음으로 읽는 연습을 하기 바란다. 좀 더 확실히 하고자 한다면 입에 볼펜을 가로로 물고 하는 방법도 좋다.

① 혀운동
다 댜 더 뎌 도 됴 두 듀 드 디
라 랴 러 려 로 료 루 류 르 리

사 샤 서 셔 소 쇼 수 슈 스 시

② 입술운동

  마 먀 머 며 모 묘 무 뮤 므 미

  바 뱌 버 벼 보 뵤 부 뷰 브 비

③ 턱운동

카 캬 커 켜 코 쿄 쿠 큐 크 키

④ 설음(舌音)훈련

글글글글 껄껄껄껄 놀놀놀놀 달달달달

뜰뜰뜰뜰 롤롤롤롤 물물물물 벌벌벌벌

뿔뿔뿔뿔 술술술술 쌀쌀쌀쌀 을을을을

잴잴잴잴 쩔쩔쩔쩔 찰찰찰찰 털털털털

칼칼칼칼 풀풀풀풀 핼핼핼핼

⑤ 정확한 발음연습 – (i)

갸 냐 댜 랴 먀 뱌 샤 야 쟈 챠 캬 탸 퍄 햐

괴 뇌 되 뢰 뫼 뵈 쇠 외 죄 최 쾨 퇴 푀 회

교 뇨 됴 료 묘 뵤 쇼 요 죠 쵸 쿄 툐 표 효

귀 뉘 뒤 뤄 뮈 뷔 쉬 워 줘 취 퀴 튀 풔 휘

⑥ 정확한 발음연습 – (ii)

- 간장공장 공장장은 강공장장이고, 된장공장 공장장은 장공장장이다.

- 저기 있는 저 분은 박 법학박사이고, 여기 있는 이 분은 백 법학박사이다.

- 저기 가는 저 상장사가 새 상장사이냐 헌 상장사이냐.
- 중앙청 창살은 쌍창살이고 시청 창살은 외창살이다.
- 한양 양장점 옆 한영 양장점, 한영 양장점 옆 한양 양장점.
- 저기 있는 말 말뚝이 말 맬 만한 말 말뚝이냐 말 못 맬 만한 말 말뚝이냐.
- 옆집 팥죽은 붉은 팥 팥죽이고, 뒷집 콩죽은 검은콩 콩죽이다.
- 검찰청 쇠철 창살은 새 쇠철 창살이냐 헌 쇠철 창살이냐.

5. 합격 사례 BEST 10
– 내가 떨어진 이유를 알게 해주는 '면접 시작 1분 자기소개'

1) 나는 이 회사를 위해 여기까지 해봤다

영업력과 커뮤니케이션 능력을 검증받은 OOO입니다. 해외영업을 지원하기 위해 스스로 2012년 2월 23일 아모레퍼시픽 라네즈 수분크림 XXXXX 10개를 각 32,000원에 구매하여 이태원 카페에 있는 외국인들에게 방문판매를 해보았습니다. 처음에는 손사래를 치면서 하는 "no", "sorry"라는 말을 3시간 동안 들었습니다. 고민 끝에 샘플을 20개 받아 제품을 판매하는 접근방식에서 제품을 홍보하는 전략으로 바꾸었습니다. 샘플을 직접 사용해보도록 하였더니 4번째 만에 미국인 sunny가 어디서 구매할 수 있냐는 질문을 하였고, 약 5시간 만에 35,000원에 첫 판매를 하였습니다. 직무 역량을 스스로 실험하기 위해 홍보 및 판매를 하고 있다고 하였더니 엄지손가락을 치켜들며 "Great!"를 외쳐주었습니다. 1시부터 10시 30분까지 총 8개를 팔아 수익 24,000원과 제품 2개를 얻었지만, 그보다 제가 만난 43명의 외국인에게 아모레를 홍보했다는 것에 자부심을 느꼈습니다. 앞으로 아모레퍼시픽에서 행동으로 성과를 만들어가는 OOO의 모습을 지켜봐주십시오.

✽ 면접자를 위한 Speech Tip

이 자기소개는 총 413자, 1분 30초에 맞춰서 연습할 것! 기준 100자에 20초. 스피드는 면접관에게 하고자 하는 말의 전달력을 높여준다.

2) 나와 회사와의 라포(rapport, 친밀관계)를 형성하라

안녕하십니까? 분주한 여자 OOO입니다. '분!' 저는 동원에 입사하기 위해 7월 5일 XX지역 이마트 총 5곳을 방문하여 참치의 진열률을 분석하였습니다. 반기보고서 상의 점유율은 73%였습니다. 하지만 5곳의 평균 참치통조림 총 183줄 중 동원이 112줄로 약 61%였습니다. '주!' 동네 슈퍼, 그리고 할인점을 방문할 때 항상 동원제품의 진열을 좋게 하고 신제품은 누구보다 먼저 먹어봅니다. 특히 2012년 약밥이 나왔을 때에는 학교에 가져가 친구들과 나눠 먹으면서 맛을 홍보하였습니다. 그래서 아직도 제 친구들은 동원 약밥을 간식으로 자주 먹습니다. 저의 분석력, 주인의식으로 동원 XX영업부에서 XX지역 참치 진열률을 75%까지 꼭 만들어 보이겠습니다. 감사합니다.

✳ 면접자를 위한 Speech Tip

이 자기소개는 나의 역량을 모두 회사에 대한 내용으로 말함으로써 면접관들의 관심을 이끌어낸 사례다. 처음부터 집중을 받을 수 있는 가장 추천하는 자기소개 방법이다. 피드백을 받을 수 있는 자기소개를 하라. 이와 같이 자기소개를 하면 50% 이상 다음 질문이 바로 올 가능성이 있다. 질문을 많이 받으면 상대적으로 합격할 확률이 높다.

3) 직무와 맞는 역량을 어필하라

XX사의 고민을 해결해 드리겠습니다. XX의 교육을 책임질 OOO입니다. 저는 회사의 교육을 담당하기 위해서 두 가지 경험을 하였습니다.

첫째, 6개월 동안 대학교 취업교육업체인 XXX에서 이화여자대학교, 국민대학교, 조선대학교 등 총 8개 학교의 프로그램을 기획하고 총 4개 학교의 취업 캠프 및 컨설팅을 진행 및 관리하였습니다. 180일 동안 약 400여 명의 대학생을 만나 많은 이야기를 나누었습니다. 누구보다 신입사원의 마음과 회사에서 원하는 것을 잘 안다고 자부합니다.

둘째, XX사에 입사하기 위해 총 13명의 선배님을 만나 설문조사를 하였습니다. 설문조사 문항 중 신입사원에게 바라는 점이 인사와 실행이었습니다. 예의를 갖추고 누구보다 빠른 실행력을 갖춘 사원으로서 앞으로 신입사원 교육을 책임지는 사원이 되겠습니다.

XX사의 가장 큰 고민 중 하나가 3년차 이내 직원들의 파랑새 증후군이라고 들었습니다. 철저한 분석과 회사와 직원들 간의 다리가 될 수 있는 교육을 통해 XX에서는 파랑새 증후군이라는 말을 없어지도록 만들어보겠습니다. 감사합니다.

＊ 면접자를 위한 Speech Tip

이 자기소개는 직무와 맞는 인턴 경험을 살려 본인을 어필한 사례다. 이럴 경우 자기소개가 끝나면 바로 다음 질문이 들어올 가능성이 높다. 특히 회사 선배들을 만났다는 점에서 면접관들은 당신의 행동을 궁금해 한다. 똑똑한 자기소개는 면접관의 관심을 끄는 것이다.

4) 자기소개의 기본 틀을 지켜라!

물의 흐름보다 배가 빨라야 목적지에 도착할 수 있다고 합니다. 안녕하십니까? 말과 행동 모두 빠른 OOO입니다. 배가 목적지에 도착하기 위해서는 물의 흐름보다 빨라야 하는 것처럼 비전 XXX을 달성하기 위해서는 소비자의 마음을 누구보다 빨리 읽어야 한다고 생각합니다.

저는 대학교 4년 동안 주유소, 카페, 레스토랑 등 총 13개의 아르바이트를 했습니다. 그중에서 특히 매년 졸업식마다 꽃 장사를 할 때 치열한 경쟁 속에서도 항상 재고 없이 완판을 할 수 있었던 이유는 고객님이 원하는 가격대와 스타일을 빨리 알아내어 맞춤형 추천을 하였기 때문입니다. 시골에서 오신 부모님에게는 화려하면서 3만 원 이내의 꽃을, 저와 나이가 비슷한 고객에게는 2만 원대의 저렴하면서 실속 있는 꽃을 추천하면서 하루 최대 142만 원까지 판매하였습니다.

총 4년간 다양한 아르바이트 경험을 바탕으로 선배님들의 눈빛만 보아도 먼저 실행하는 맞춤형 신입사원 OOO이 되겠습니다.

＊ 면접자를 위한 Speech Tip

자기소개를 기업 맞춤형으로 준비하지 못하였다면 기본 틀을 지키자!! 보통 기본 틀은 3가지 장점이나 2가지 장점을 말하는 것인데, 하나의 장점을 구체적인 사례를 통해 말해주는 것도 좋다. 자기소개서에도 Ctrl+c/v가 있듯이 자기소개시에도 기본 틀은 갖고 있는 것이 필요하다. 단, 본인이 지원한 직무에는 어느 정도 맞춰야 한다는 점을 꼭 기억해야 한다.

5) 나의 역량을 최대한 어필하라

(중국어) 안녕하십니까? CJ 해외영업에 지원한 OOO입니다. 최근 내수시장의 포화와 인구의 지속적인 감소로 대기업들은 벌써 해외시장에 눈을 돌린 지 오래되었습니다. 특히 중국, 인도, 중동, 아프리카는 절대 버릴 수 없는 시장입니다.

(영어) 그래서 저는 해외영업을 하기 위해 중국어와 영어를 자유롭게 구사할 수 있도록 각각 6개월간의 어학연수를 다녀왔으며, 현재는 남아프리카 언어를 공부하고 있습니다. 특히 2008년 LA 어학연수 시절 한인마트에서 미국인 친구들이 CJ 군만두를 먹는 것을 보면서 해외에서 대한민국을 알리면서 일을 할 수 있는 기업은 단연 CJ

뿐이라고 확신하였습니다.

(한국어) 대한민국 NO.1은 역시 CJ입니다. 해외 식문화를 만들어내는 데 꼭 함께할 기회를 주십시오.

* 면접자를 위한 Speech Tip

영어를 섞어서 자기소개를 하면 재작년까지는 면접관들도 새롭다고 인정을 해주는 분위기였다. 하지만 지금은 영어 하나 가지고는 조금 부족하다. 최소한 한국어 포함 3개국 언어를 섞어서 자기소개를 해야 한다. 특히 해외영업을 지원하는 사람은 반드시 준비하기 바란다. 단, 기업이 보수적이면 면접관 본인이 못 알아듣는 것에 마이너스 점수를 줄 수 있으니 주의하기 바란다.

6) 면접 시간에 맞춰 자기소개를 준비하라

면접관님들, 점심시간에 어떤 것을 먹을까 고민하지 않으셨습니까? 앞으로 그런 고민을 없애 드릴 사람 OOO입니다. 많은 직장인들을 항상 고민하게 만드는 것이 점심이듯 옷도 어떤 옷을 입어야 할지, 어떤 브랜드를 사야 할지 항상 고민이 생깁니다.

저는 패션브랜드 매니저로서 소비자의 심리를 파악하기 위해 2012년 6월부터 9월까지 3개월 동안 강남 거리 옷가게로 출퇴근하였습니다. 총 31개의 옷가게를 매일 방문하면서 점원들에게 추천을 받기도 하고, 고객님들이 하는 말을 들으면서 정리한 내용은 '첫째 이제 연예인 마케팅은 통하지 않는다', '둘째 브랜드 인지도도 중요하지만 옷의 질과 스타일을 더욱 중요시한다'는 소비자의 니즈를 알 수 있었습니다.

이런 저의 분석력과 실행력을 바탕으로 이제는 옷을 고를 때 남녀노소 고민할 필요 없이 이랜드 매장으로 갈 수 있도록 만들어내겠습니다.

면접에 운도 작용한다는 말은 많이 들어봤을 것이다. 사실이다. 같이 면접 보는 사람에 대한 운도 작용하고, 면접관의 그날 기분 상태 등 다양한 요소들이 작용한다. 반대로 우리는 그런 요소들을 이용할 줄도 알아야 한다. 위의 사례처럼 면접 보는 시간을 잘 활용해도 좋은 결과를 얻을 수 있다.

7) 채용공고를 통해 뽑고 싶은 인재를 파악하라

컴퓨터 활용능력이 뛰어난 사람, 꼼꼼해서 일 처리에 실수를 안 할 것 같은 사람, 조직문화에 빠르게 적응하여 한 가족이 될 수 있는 사람 OOO입니다.

채용공고를 보고 저는 바로 입사 지원하기를 클릭하였습니다. 많은 채용공고가 비슷비슷할 뿐 이렇게 제가 하고 싶은 생산관리 분야에서 필요 능력을 딱 맞게 공고해준 회사는 바로 XXX밖에 없었습니다. 저는 평소 용돈 관리를 엑셀로 할 정도로 엑셀을 쉽게 다루고 대학교 모든 팀의 프로젝트 PT는 제가 만들었을 정도로 컴퓨터 활용 능력에 자신 있습니다. 그리고 지금까지 약 6년 동안 용돈 기입장을 작성하며 용돈을 관리하였습니다. 수입과 지출이 생길 때마다 당일에 정리하여 항상 월말에는 금액이 딱 맞았습니다.

앞으로 XXX에서 만들어나갈 저의 꿈들을 생각하면 너무 생생하고 즐겁습니다. 현장에서 꼭 뵙고 싶습니다.

* **면접자를 위한 Speech Tip**

중견, 중소기업의 채용공고에서 필요 능력이라든지 역량을 자세히 보면 회사에서 원하는 인재상이 적혀 있다. 그런 부분을 역으로 면접관에게 어필해도 좋은 성과를 얻을 수 있다. 업무와 역량을 매칭해보면 정말 회사에서 뽑고 싶은 인재가 어떤 사람인지 알 수 있기 때문이다. 그에 맞춤형 인재라는 것을 어필하라.

8) 면접관이 원하는 이야기를 해야 한다

틀리다와 다르다의 차이점을 분명히 알고 있는 OOO입니다. 다르다고 하면 합의점을 찾을 수 있지만, 틀리다는 단절을 뜻합니다. 지난 5월 취업 스터디를 하던 중 보편적 복지와 선택적 복지를 가지고 토론면접을 진행하였습니다. 다들 본인들의 의견이 맞다 틀리다를 반복하는 동안 저는 서로 생각이 다르다는 점에 착안하여 두 의견을 잘 듣고 두 가지 의견을 다 포함하는 의견을 제시하여 모의면접에서 1등을 한 적이 있습니다. 현대자동차의 SHOP IN SHOP 자동차 매장에 커피숍이 들어와 성과를 창출한 것처럼 서로 다른 것들을 합쳐 새로운 성과를 만들어낼 수 있는 잠재력을 가진 저를 지켜봐주십시오.

＊ 면접자를 위한 Speech Tip

신문 기사들을 보면 기업에서 원하는 인재상이나 인사담당자, 임원들이 인터뷰한 내용을 종종 볼 수 있다. 위의 사례에 나온 틀리다와 다르다를 강조한 사람은 K은행 인사팀장인데, 만약 당사자가 면접관으로 들어왔을 때 이런 이야기를 해주면 당연히 더 호감이 갈 것이다. 면접관이 어떤 것을 원하는지에 대한 정보조사는 필수다.

9) 회사의 제품을 이용하여 직무와 연결시켜라

8801047 111847, 8801047 111845, 8801047 111843 안녕하십니까? 준비된 영업사원 OOO입니다. 영업사원의 가장 기본 자질은 회사에 대한 충성심과 커뮤니케이션 능력입니다. 위의 숫자는 XX그룹의 핵심 제품인 XX제품의 바코드입니다.

XX그룹에 짝사랑을 시작하면서부터 회사제품의 바코드를 외우고 타 회사와의 제품 성분을 분석하였습니다.

그리고 평소에 한번 맺은 인간관계를 쉽게 놓지 않는 저는 현재 핸드폰에 989명의 번호를 가지고 있습니다. 영업사원으로서 사람관리, 그리고 XX그룹에 대한 충성심으로 제가 맡게 되는 거래처와 함께 회사의 얼리어답터(early adopter)가 되겠습니다.

＊ 면접자를 위한 Speech Tip

사람은 본인에게 관심이 있는 사람에게 끌리듯이 회사와 관련된 말을 자주 해주는 것이 좋다. 단, 누구나 할 수 있는 말이 아닌 면접관들이 생각하지 못했던 사실을 말해주면 다른 지원자에 비해 훨씬 합격할 확률이 높아진다. 한 가지 주의할 점은 어설프게 아는 척해서는 안 된다는 것이다. 오히려 추가 질문에 대답을 못해 마이너스 요인으로 작용할 수 있다.

10) 나는 합격한다고 확신하고 경험을 쌓아 말하라

서울시 광진구 회앙동 XX번지 저희 집에서 본사까지 대중교통을 통해 갈 방법은 약 5가지가 있고, 평균 35분 정도의 시간이 걸립니다. 그리고 1년 동안 한 달에 세 번씩 36번을 방문해 눈이 왔을 때, 사고가 났을 때 등 다양한 변수들을 미리 확인하였습니다. 고등학교 반 배치고사 결과 반에서 34등이었던 저는 전교 34등이라는 목표를 갖고 1년 동안 시험기간에 나흘 밤을 새우기도 하면서 노력하였고, 결국 2학년 1학기 중간고사 때 평균 88점으로 반에서 3등, 전교에서 21등을 할 수 있었습니다. 근성 하나는 누구보다 자신 있습니다. 신입사원의 패기와 근성으로 주어지는 어떤 일이든 성과로 보답하겠습니다. 1년에 36번이 아닌 365일 동안 출근 도장을 찍고 싶습니다.

＊ 면접자를 위한 Speech Tip

면접을 보기 전에 본인이 근무할 곳을 꼭 방문해보기 바란다. 실제 면접에서 "오늘 여기 어떻게 왔느냐?"라는 질문을 하기도 한다. 면접에서 1분 자기소개도 중요하지만 중간중간 "저는 회사로 정말 이사하고 싶습니다"와 같은 의지를 보여주는 것이 중요하다. 회사에 대한 관심과 본인의 경험을 엮어 정리하면 면접 시 좋은 답변을 할 수 있다.